CRISTÃO LIBERTÁRIO
VOLUME II

Estado, Eleições e a Fé Cristã

Por Miguel Angelo Pricinote

2022

FICHA CATALOGRÁFICA

Pricinote, Miguel Angelo

CRISTÃO LIBERTÁRIO: Estado, Eleições e a Fé Cristã /

Miguel Angelo Pricinote. --

1. Editora Gadol Elohai – www.gadol.mobi

Selo editorial: Autopublicação

1. Economia 2. Liberdade 3. Estado 4. Religião 5.

Anarquismo

Sumário

1. Introdução

Este livro tem como objetivo falar diretamente com os Cristãos a fim de demonstrar os risco e armadilhas de defender políticos e imaginar que a nossa Paz encontra-se neste mundo e está na responsabilidade daqueles que foram ou serão eleitos pelo voto popular.

Então o que é o Estado? Creio que a maioria das respostas foi que: "**O Estado somos nós**". Porém, isto é uma mentira que vem sendo repetida à exaustão.

Para Mises, os governantes por meio do Estado são desejosos de interferir nos fenômenos de mercado, definindo isso como intervencionismo, o que significa que o governo não somente fracassa em proteger o funcionamento harmonioso da economia de mercado, como também interfere em vários fenômenos dele: nos preços, nos padrões salariais, nas taxas de juro e de lucro, com a finalidade de obrigar os empreendedores a conduzir suas atividades de maneira diversa da que escolheriam caso tivessem de obedecer apenas aos consumidores. Assim, todas as medidas de intervencionismo governamental têm por objetivo restringir a supremacia do consumidor/indivíduo. O governo quer arrogar a si mesmo o poder de decidir o que é certo ou errado, o que convém e o que não convém.

Hayek alertava em relação ao intervencionismo do Estado e à nossa liberdade de escolha. E quando o Estado, como a autoridade que dirigisse todo o sistema econômico, fosse o mais poderoso monopolista que se possa conceber, teria poder absoluto para decidir o que caberia a cada um e em que termos. Não só decidiria quais as mercadorias e serviços a serem oferecidos e em que quantidades; mas estaria em condições de dirigir sua distribuição entre diferentes regiões e grupos, e poderia, se assim o desejasse, discriminar entre as pessoas como bem entendesse. A própria Bíblia, no livro de Apocalipse (13:16-18), faz referência a este poder do Estado: *"A todos, os pequenos e os grandes, os ricos e os pobres, os livres e os escravos, faz que lhes seja dada certa marca sobre a mão direita ou sobre a fronte para que ninguém possa comprar ou vender, senão aquele que tem a marca, o nome da besta ou o número do seu nome"*.

No livro *Leviatã*, Thomas Hobbes faz uma exposição quanto à natureza e direitos de um Estado Cristão, onde muita coisa deve diretamente depender das revelações sobrenaturais da vontade de Deus, o fundamento do discurso deverá ser não apenas a palavra natural de Deus, mas também sua palavra profética. Não obstante, não convém renunciar aos sentidos e à experiência, nem àquilo que é a palavra indubitável de Deus, nossa razão natural, pois foram esses os talentos que Ele pôs em nossas mãos para vivermos até o retorno de nosso abençoado Salvador, portanto, não são para ser envoltos no manto de uma fé implícita, mas para serem usados na busca da justiça, da paz e da verdadeira religião. Embora haja na palavra de Deus muitas coisas que estão acima da razão, quer dizer, que não podem ser demonstradas e nem refutadas pela razão natural, não há nessa palavra nada contrário a ela. E quando assim parece ser, a culpa é de nossa inábil interpretação ou de nosso incorreto raciocínio.

Portanto, quando alguma coisa aí escrita se mostra demasiado árdua para o nosso exame, devemos nos propor cativar o nosso entendimento às palavras e não ao/9esforço de peneirar uma verdade filosófica por intermédio da lógica, a respeito daqueles mistérios que não são compreensíveis e aos quais não se aplica qualquer regra da ciência natural. Com os mistérios de nossa religião se passa o mesmo que com as pílulas salutares para os doentes - quando são engolidas inteiras, têm a virtude de curar, mas quando mastigadas, voltam em sua maior parte a ser cuspidas sem qualquer efeito.

Outra importante reflexão é que devemos continuar lutando contra as intervenções do Estado em prol das liberdades individuais, sempre lembrando que: *Porque vós, irmãos, fostes chamados à liberdade; porém, não useis da liberdade para dar ocasião à carne; sede, antes, servos uns dos outros pelo amor. Porque toda a lei se cumpre em um só preceito, a saber: Amarás o teu próximo como a ti mesmo. Se vós, porém, vos mordeis e devorais uns aos outros, vede que não sejais mutuamente destruídos. (Gálatas 5:13 a 15)*

2. A Disputa entre a Fé e o Estado

Um bom exemplo do que foi abordado no capítulo anterior pode ser encontrado no quarto filme da franquia "Deus não está morto" - **God's Not Dead: We the People** no qual o pastor David Hill e a cooperativa de estudo domiciliar organizada por sua igreja. recebem a visita de um funcionário da autoridade municipal para certificar-se de que os ensinamentos estão de acordo com os padrões exigidos pelo governo.

Apesar das crianças obterem resultados melhores nos testes do que os alunos das escolas públicas e privadas da região, a cooperativa é intimada a comparecer ao tribunal para dar explicação em relação a metodologia de ensino divergente ao programa estatal principalmente em relação ao ensino religioso.

A justiça como esperado fica do lado do governo, e obrigou os pais a mandar seus filhos para a escola ou enfrentar multas pesadas.

Enquanto os pais tentam decidir o que fazer a seguir, o reverendo David é convidado por um congressista do Texas que compartilha seus pontos de vista para ir a Washington para testemunhar em uma audiência do comitê sobre homeschooling nos Estados Unidos, na qual o presidente do comitê está tentando aprovar uma legislação que dificulta o exercício da educação domiciliar.

Tal dilema joga luz ao conflito entre a liberdade dos pais em decidirem a melhor forma de educar seus filhos e os procedimentos legais determinados pelo estado sob a falácia de que o governo sabe o que é melhor para seus governados.

E fica evidente o conflito entre a Fé (e seus valores morais) em relação ao estado (e seu relativismo moral). E é este tema que será abordado neste Capítulo, uma vez que historicamente vem se repetindo um mantra no qual o estado assim como a igreja são instituições estabelecidas por Deus para proporcionar uma vida melhor neste mundo.

A Soberania de Deus e a liberdade humana

Primeiro ponto para entender sobre a formação do estado e entendermos a autoridade de Deus e como ela impacta na vida social das pessoas. Segundo o reverendo R.C. Sproul, a questão da soberania divina e da liberdade humana, é um dilema pois se a liberdade humana e a soberania divina são verdadeiras contradições, então uma delas, pelo menos, tem de sair. Se a soberania exclui a liberdade e a liberdade exclui a soberania, então, ou Deus não é soberano ou o homem não é livre.

Entretanto, Sproul demonstra que esta análise não é verdadeira pois a liberdade humana não é cancelada pela soberania de Deus e sim a autonomia do homem é que não pode coexistir com a soberania divina. Para o autor isto é explicado pela própria raiz da palavra autonomia que vem do prefixo auto e da raiz nomos. Auto significa" por si próprio".

A raiz nomos é a palavra grega para "lei". A palavra autonomia, então, significa "lei própria". Ser autônomo, para Sproul, significa ser uma lei para si mesmo. Uma criatura autônoma não deve satisfações a ninguém. Ela não tem uma autoridade a quem se submeter.

Portanto, se Deus é soberano, não há possibilidade de o homem poder ser autônomo. Se o homem é autônomo, não há possibilidade de Deus poder ser soberano. Estas seriam contradições. E da mesma forma um indivíduo não precisa ser autônomo para ser livre. Autonomia implica liberdade absoluta. Somos livres, mas com o limite extremo da soberania de Deus.

Os governantes humanos

O teólogo Charles T. Russell (1916) levantou uma questão interessante sobre o estado e a autoridade divina. Ele indagava que como pessoas más foram "ordenados" ou permitidos por Deus com um propósito sábio (usando como base bíblica o texto de Romanos 13:1-7).

Russell, reforça que, nem o Senhor Jesus nem os Apóstolos intrometeram-se de nenhuma maneira com os governos humanos. Ao contrário, ensinaram a Igreja a submeter-se a estes poderes, ainda quando muitas vezes sofreram sob seu abuso de poder. Todos eles ensinaram a igreja para respeitar os que se encontravam exercendo autoridade, por causa do seu ofício, ainda quando pessoalmente não eram dignos de estima; ensinavam para que se pagasse os tributos, e que não se opusesse nenhuma resistência para as leis estabelecidas, exceto quando estivessem em pugna com as leis divinas. Tal situação é derivada do fato que nunca foi objetivo do cristianismo gerar revoltas civis para implantar o Reino de Deus aqui na terra. (Atos 4:19; 5:29; Romanos 13:1-7; Mateus 22:21)

Por outro lado, o próprio Senhor Jesus se referiu ao Diabo como "o governante deste mundo" e que o Diabo 'não tinha nenhum poder sobre ele'. (João 14:30) Podiam notar que Jesus não procurava envolvimento, nem para si nem para seus seguidores, no sistema político de Roma, mas estava plenamente ocupado em declarar as "boas novas do reino de Deus". (Lucas 4:43).

Sendo assim, são levantadas duas questões sobre a obediência aos governos humanos: 1) devemos ter fidelidade total e irrestrita ao estado? 2) Todo governante ou autoridade é escolhido por Deus? Fica claro que a resposta para ambas às perguntas é um sonoro – Não. Paulo, no livro de Romanos, não ensina fidelidade total ao estado e nem que toda autoridade ou governante é escolhido por Deus.

Em primeiro lugar é muito certo que para Paulo ensinar o que ensinou a comunidade de cristãos em Roma, foi pelo fato de o cristão ter dificuldade em reconhecerem a autoridade dos governantes do Império Romano. Afinal eles eram pagãos, idólatras, cruéis e adversários da fé cristã. Mesmo assim Paulo assevera aos seus destinatários a necessidade de submissão às autoridades. Dessa forma, Paulo incentivava nada mais nada menos que obediência às leis, pagamento de impostos e respeito às autoridades. Para Paulo o cristianismo e a boa cidadania caminham de mãos dadas. O próprio Cristo ensinou sobre isso, falou do nosso compromisso com a autoridade celestial, que é Deus, mas também do nosso compromisso com as autoridades humanas (Mateus 22.21).

Mas a desobediência civil não é proíba uma vez que Paulo sabia que Cristo e suas leis eram superiores. E que Deus aprovou e incentivou várias desobediências civis no Antigo

Testamento (Daniel Caps. 1;3 e 6; Ester 3; Êxodo 1). Além da própria existência da igreja primitiva em Roma era uma clara afronta as autoridades locais (Atos 4 e 5), tanto que o próprio Paulo viveu a margem das leis vigentes e provavelmente foi condenado e morreu por desobediência.

Quando Paulo afirma que as autoridades que há foram ordenadas por Deus, ele está falando da Soberania e Sabedoria de Deus. Pois nada ocorre na terra sem a permissão do Criador. Nem a existência de Satanás e seus anjos ocorreram fora da Vontade de Deus. Neste sentido, tanto o estado quanto o mais extremo mal foram criados por Deus e só existem devido a permissão divina. E isto não significa que Deus aprove o que é feito por suas criaturas.

Do estado a autoridade: até que ponto se lhe deve obediência

O conceito de Estado é estranho ao Novo Testamento. Ele tem sua origem na antiguidade pagã. Em seu lugar, no Novo Testamento, o conceito de Autoridade. Estado significa comunidade ordenada, autoridade é o poder que cria e mantém a ordem. No conceito de Estado incluem-se governo e governados, o conceito de autoridade só se refere aos governantes. Teologicamente só o conceito de autoridade é aproveitável, o de estado não. Uma vez que o estado moderno só iria surgir no século XVIII d.C. (Hertz, 2015)

Portanto, partindo de ideias de Agostinho, a Reforma superou o conceito de estado da Antiguidade. Ela não fundamenta o estado como entidade comunitária na natureza humana criada (ainda que apareçam certas colocações nesse sentido nos escritos dos reformadores), mas fundamenta o estado (entenda-se como governo humano) como autoridade na queda em pecado.

O teólogo Wayne Grudem (2006) defende não somente o direito à desobediência civil, mas até mesmo à revolução, argumentando que depois de estudar a situação histórica e os princípios das escrituras, ficou convencido de que a Revolução Norte-Americana foi moralmente justificada aos olhos de Deus. Um argumento comum entre os autores cristãos era de que "governos" tiranos não são, na verdade, governos verdadeiros, mas gangues criminosas que se fazem passar por governos e, portanto, não têm direito à obediência devida aos governos (propriamente ditos) [e] o princípio do estado de direito [...] deixa implícito o direito à rebelião.

O teólogo aponta que "outros pensadores luteranos e reformados fizeram declarações semelhantes, e o direito de se rebelar contra tiranos também pode ser visto nas palavras do filósofo católico Tomás de Aquino e de muitos outros autores cristãos".

Doutrina das Esferas (Estamentos ou Mandatos)

Há, ainda, uma definição de Estado bastante significativa para este estudo, encontrada nas tradições luterana e calvinista: a ideia de ordens da criação, estamentos, mandatos ou esferas.

Neste aspecto o teólogo Oswald Bayer coloca que a síntese mais preciosa da compreensão amadurecida de Lutero acerca do assunto encontra-se em sua interpretação de Gênesis 1:16: na qual o reformista apresenta que a instituição da igreja, precede a economia e política. Pois é instituída uma igreja sem muros e sem quaisquer exterioridades, nem espaço extremamente amplo e agradável. Depois de instituída a igreja, é fundada também a economia. Assim, o templo é anterior à casa, sendo igualmente superior a essa. Não havia uma política antes do pecado, porque ela ainda não era necessária. Porque a política é um antídoto mitigador contra a natureza pervertida. Assim, Lutero define três estamentos, que são a igreja, a economia e o estado, separados em suas funções, e ligados por sua ordem divina que os santifica.

Já para o teólogo Dietrich Bonhoeffer apresenta a ideia de mandatos dividindo-os em quatro planos: Igreja, família, trabalho e governo que só têm autorização do alto para o discurso na medida em que se limitam reciprocamente e, lado a lado e em conjunto, cada um faz valer à sua maneira o mandamento de Deus.

O teólogo calvinista Abraham Kuyper, apresentou as esferas sociais, as quais são fundamentadas em Deus e devem cumprir o caráter independente que pertence a cada uma elas: a família, os negócios, a ciência, a arte e assim por diante, todas são esferas sociais que não devem sua existência ao estado, e que não derivam a lei de sua vida da superioridade do estado, mas obedecem uma alta autoridade dentro de seu próprio seio; uma autoridade que governa pela graça de Deus, do mesmo modo como faz a soberania do Estado.

Facilmente nos salta aos olhos como essa estrutura de esferas, ou mandatos, traz luz sobre os limites de atuação da autoridade civil, e nos ajuda a discernir sobre até que ponto o cristão deve obedecer. Abraham Kuyper continua sua lição:

Por Que a Bíblia Diz Que o Mundo Jaz no Maligno?

O versículo que diz que "o mundo jaz no Maligno" significa que o mundo todo está, de certa forma, morto e submetido ao domínio do Maligno (Satanás) - 1 João 5:19. Isso implica na verdade de que ninguém é capaz de escapar da influência do diabo e da tentação e condenação do pecado sem o socorro de Deus.

Então para o apóstolo só existem dois grupos de pessoas: os filhos de Deus e os filhos do Diabo. É exatamente essa realidade que João expõe ao dizer: "Sabemos que somos de Deus e que o mundo jaz no Maligno" (1 João 5:19). Perceba que não há uma terceira possibilidade. Ou uma pessoa pertence a Deus, ou ela pertence ao sistema corrupto e iníquo deste mundo que é dominado por Satanás.

Entretanto, a declaração "o mundo jaz no Maligno" jamais teve ser entendida como se Satanás fosse soberano neste mundo. Na verdade João diz que todo o mundo está sob o controle do Maligno, mas não que o mundo pertence a ele. O que a Bíblia deixa claro é que desde a Queda do Homem Satanás assumiu o controle deste mundo caído através do engano (Gênesis 3:1-19). Ele tem se empenhado em cegar o entendimento dos homens distanciando-os cada vez mais da verdade. Por isso o próprio Jesus chama Satanás de "príncipe deste mundo" (João 12:31; 14:30; 16:11).

Contudo, isso não significa que ele possui plena autonomia para fazer e desfazer como quiser. O correto é entender que Satanás opera dentro da soberania Deus. Ele nunca pode ir além do que Deus lhe permite. A história de Jó é um exemplo claro disso (Jó 2:6).

Outro ponto que demonstra o domínio do Maligno em relação aos estados é o episódio da tentação de Jesus no deserto no qual Satanás mostrou ao Senhor Jesus todos os reinos do mundo. Daí ele disse: "Dar-te-ei todo este poder e a glória destes reinos, porque me foram entregues, e dou-os a quem quero" (Lucas 4:6). Perceba que o próprio Satanás diz que a autoridade que ele possui não lhe pertence em origem, mas que lhe foi dada.

Então como os reinos podem ser pertencentes a Satanás e ter sua obediência exigida aos filhos de Deus? E como Satanás é o deus deste mundo (2 Coríntios 4:4)?

A frase "deus deste mundo" (ou "deus deste século") indica que Satanás é a maior influência sobre os ideais, opiniões, metas, desejos e pontos de vista da maioria das pessoas. Sua influência também abrange filosofias, educação e comércio mundiais. Os pensamentos, ideias, especulações e falsas religiões do mundo estão sob o seu controle e surgiram a partir de suas mentiras e enganos.

Satanás também é chamado de "príncipe das potestades do ar" em Efésios 2:2. Ele é o "príncipe deste mundo" em João 12:31. Estes títulos e muitos outros representam as capacidades de Satanás. Dizer, por exemplo, que Satanás é o "príncipe das potestades do ar" significa que, de alguma forma, ele governa o mundo e as pessoas. E este governo ocorrem muito mais por meio do sistema político do que individualmente.

Isso não quer dizer que ele governa o mundo completamente; Deus é soberano. Entretanto, significa que Deus, em Sua infinita sabedoria, permitiu que Satanás operasse neste mundo dentro dos limites que Deus estabeleceu para ele. O esquema de Satanás inclui a promoção de falsas filosofias no mundo - filosofias que cegam o incrédulo para a verdade do Evangelho. As filosofias de

Satanás são as fortalezas nas quais as pessoas são presas, e elas devem ser libertas por Cristo.

Portanto, o mundo em que vivemos pode ser definido como um lugar pouco amistoso. Não somente as pessoas possuem dificuldades de relacionamento. Muitos foram aqueles que se lançaram em tentar buscar respostas para saber a causa do mal e diversos debates filosóficos foram travados no intuito de tentar dirimir tais dúvidas.

O mundo jaz no maligno por que a natureza do pecado – rebeldia contra Deus; incredulidade; orgulho; desejo de ser igual da Deus e satisfação ímpia depois de cometer o pecado é a essência daqueles que governam as nações, uma vez que a sociedade é composta exclusivamente por pessoas pecadoras (1 João 5.19). Neste sentido apesar de vermos o efeito de uma criação que foi afetada no pecado formar um sistema corrupto que envolve o mundo que vive fora da influência de Deus, governado por Satanás (João 14.30).

Sendo o mundo governado por Satanás (Ef.2.2), o lema, como escrito na Bíblia é, "Matar, roubar e destruir". Esse é o lema desse sistema corrupto. Eles têm esse foco com respeito ao povo, bem como aos próprios que são instrumentos desse reino. E estas sempre foram as três principais habilidades estatais.

A Praxiologia como argumento para as falhas estatais

A praxeologia, segundo Rothbard (2005), se baseia no axioma fundamental de que indivíduos agem, ou seja, no fato primordial de que indivíduos participam de ações conscientes visando objetivos escolhidos. Esse conceito de ação contrasta com o comportamento puramente reflexivo, ou automático, que não é dirigido para objetivos. O método praxeológico estende, por dedução verbal, as implicações lógicas desse fato primordial. Em resumo, a economia praxeológica é a estrutura de implicações lógicas do fato de que indivíduos agem. Essa estrutura é construída sobre o axioma fundamental da ação, e tem alguns axiomas auxiliares, tais como os indivíduos são diferentes e que seres humanos consideram lazer como um bem valioso.

Consideremos algumas das implicações imediatas do axioma da ação em relação aos governantes (estado) e os súditos (sociedade). Ação implica que o comportamento do governante é proposital, em resumo, que é direcionado a seus objetivos. Além disso, o fato do governante tomar uma decisão implica que ele conscientemente escolheu certos meios para atingir seus objetivos. Uma vez que ele deseja atingir esses objetivos, estes devem ser valiosos a ele; de acordo com isso ele deve ter valores que governam as suas escolhas. Que ele emprega meios implica que ele acredita que ele tem o conhecimento tecnológico que certos meios irão atingir seus fins desejados.

Portanto, toda ação governamental acontecerá através do tempo; toda ação tem lugar em algum presente e é direcionada para a realização futura (imediata ou remota) de um fim. Se todos os objetivos de um governante pudessem ser instantaneamente realizados, não haveria razão alguma para que ele agisse. Além do mais, quando um indivíduo assume qualquer posição implica que ele acredita que a sua ação fará alguma diferença; em outras palavras, que ele prefere a situação resultante da ação àquela de nenhuma ação.

E todo governante toma decisões no intuito de primeiramente atingir seus objetivos particulares (sejam morais ou não) para só depois mensurar como tais ações implicaram positivamente ou negativamente nos demais indivíduas.

3. Individualismo versus Coletivismo

É irônico que muitas pessoas mantenham a ideia de que o século 21 seja uma era marcada pelo coletivismo e toneladas de outras pessoas ao mesmo tempo pensam que é marcada pelo individualismo. Os políticos conseguem estabelecer parâmetros e impor rótulos de certo e errado nas ações dos indivíduos em relação à comunidade a que pertencem de acordo com sua raça, sexo ou religião. Aqueles que te declaram culpado ou inocente de qualquer coisa sem pesar suas decisões e analisar os fatos. Esse tipo de atribuição de rótulo baseado na identidade do grupo e não no comportamento individual em si, não vem apenas de políticos arrogantes que acreditam poder dar significado a vida das comunidades que fingem representar. Individualismo versus coletivismo é um falso dilema.

Sociedades com indivíduos cheios de egocentrismo e uma falsa sensação de liberdade que os leva a sacrificar verdades objetivas por uma miragem de autonomia. A única maneira de quadrar o círculo é impor o atomismo social coletivizando os pensamentos e ações dos outros. Se seu maior valor e prioridade no mundo são encontrados em uma miragem de auto-suficiência, eles logo acabam negando sua própria natureza, ciência, a objetividade da moral e, mais importante, os padrões objetivos de Deus.

Como podemos resolver isso? A presença de uma falsa sensação de liberdade foi mencionada acima. Conceitos como liberdade e individualismo têm sido usados tanto com conotações positivas quanto negativas, e no espectro de esquerda e direita, estamos no ponto de que falar de individualismo hoje pode significar muitas coisas. Às vezes de forma oposta ao uso dado por seus detratores e seus próprios apoiadores.

É necessário retomar seu uso original pela tradição intelectual em que a ideia surgiu e se desenvolveu. Essa tradição é a filosofia política que começa com John Locke , Josiah Tucker, Adam Ferguson, Adam Smith, Edmund Burke, Alexis de Tocqueville e Lord Acton, entre outros pensadores ingleses e escoceses, até os fundadores da independência americana. Mas outra linha de individualismo nasceu e se desenvolveu a partir da filosofia de René Descartes e Rousseau, passando pela Revolução Francesa até Jeremy Bentham, Herbert Spencer e John Stuart Mill.

Duas linhas opostas de individualismo

Assim, temos duas linhas opostas de individualismo que tiveram efeitos diferentes especificamente nos Estados Unidos e na França, e sobre as quais Burke escreveu em Reflexões (1790). Burke foi um profeta de seu tempo; sabia prever todos os acontecimentos que pareciam muito liberais na Revolução Francesa. À primeira vista, a Declaração dos Direitos do Homem e do Cidadão parecia ser um documento que representava a linha individualista inglesa. Burke e depois Tocqueville souberam dar conta do verdadeiro espírito da revolução, e como algo que parecia uma luta pelos direitos individuais, termina em um violento caos civil e militar. Não foi nada mais do que um ataque às instituições tradicionais que terminou em uma oligarquia maligna e ignóbil.

Logo, os fatos provariam que Burke estava certo e o reino do terror foi estabelecido. Burke argumentou que as ideias de Rousseau sobre o individualismo foram as que produziram essa revolução e caos. O culto a Deus foi proibido para estabelecer o culto da "Razão" como a primeira religião política da era moderna. Nas ideias de Rousseau prevaleceria a vontade geral dos oprimidos, e mais tarde Karl Marx e seus seguidores viram nessas ideias suas intuições sobre a luta de classes. O individualismo mecanicista acaba coletivizado.

Décadas depois, Tocqueville escreveu Democracy in America (1835) e the Revolution (1856), onde ponderou por que o individualismo inglês de Locke foi bem-sucedido na América. Tocqueville sugere cinco pontos que foram desenvolvidos na América com base em Locke: federalismo, supremacia da lei sobre os políticos, respeito à religião, a Igreja contra as reivindicações das autoridades seculares e não ceder poder aos líderes messiânicos.

O individualismo libertário respeita a importância das comunidades voluntárias

O individualismo dos pensadores liberais clássicos apreciava a importância dos valores, associações e uma sociedade civil com instituições bem organizadas. O falso individualismo da filosofia cartesiana e a filosofia mecanicista de Rousseau – da qual brotam as teorias marxistas do socialismo e do coletivismo – são ideias totalmente opostas às de Smith ou Locke. Eis a tradição inglesa e a tradição francesa de individualismo.

"O verdadeiro individualismo afirma o valor da família e de todos os esforços comuns da pequena comunidade e grupo, que acredita na autonomia local e nas associações voluntárias, e que, de fato, seu caso se baseia em grande parte na contenção de que a ação coercitiva do estado é geralmente invocado pode ser feito melhor pela colaboração voluntária.... Não pode haver maior contraste com isso do que o falso individualismo que quer dissolver todos esses grupos menores em átomos que não têm outra coesão além das regras coercitivas impostas pelo Estado e que tenta tornar todos os laços sociais prescritivos. — FA von Hayek

4. Raízes religiosas da liberdade

Para o Rev. Edmund Opitz toda variedade de tirania se baseia na crença de que algumas pessoas têm o direito - ou mesmo o dever - de impor suas vontades a outras pessoas. A tirania pode ser imposta a outros pelo mero capricho de um homem, como um rei ou ditador sob vários nomes. Ou a tirania pode ser imposta a uma minoria "para seu próprio bem" por uma maioria democraticamente eleita. Mas, em qualquer caso, a tirania é sempre uma negação – ou um mal-entendido – dos mandatos de uma autoridade ou lei superior ao próprio homem.

A liberdade, portanto, repousa sobre a crença de que toda autoridade adequada para os relacionamentos do homem com seus semelhantes vem de uma fonte superior ao homem – do Criador. A liberdade decreta que todos os homens - tanto súditos quanto governantes - estão vinculados a essa autoridade superior que está acima e além da lei feita pelo homem; que cada pessoa tem uma relação com seu Criador na qual nenhuma outra pessoa, nem mesmo o governante, tem o direito de interferir. Para tornar essas concepções efetivas para a liberdade, elas devem estar profundamente enraizadas nos valores fundamentais de um povo. Ou seja, eles devem fazer parte da religião popular. Houve um povo da antiguidade para quem isso era verdade, as pessoas que nos deram nosso Antigo Testamento.

Na literatura bíblica não há uma única lei emanada de reis ou outra autoridade secular que tenha sido registrada e preservada como permanentemente válida. Nem arqueólogos na Palestina desenterraram decretos reais inscritos em tábuas de barro ou gravados em rocha.

Agora, nenhum povo vive junto sem se conformar a um código comumente aceito e sem recorrer às vezes à lei. O povo da antiga Palestina vivia sob autoridade, não em condição de anarquia. Se o rei não era a fonte de sua lei, deve ter havido outra fonte mais elevada. Não há dúvida sobre qual era a autoridade deles: eles olhavam para Deus como a fonte de sua lei.: *"O Senhor é nosso juiz, o Senhor é nosso legislador, o Senhor é nosso rei"* (Is. 33:22). Todas, ou quase todas, as leis básicas deste povo foram escritas como se emanassem do próprio Deus. Em vez de "Eu, o Rei", era "Eu, o Senhor".

Este é o sistema de lei, estabelecido nas Escrituras, expandido e interpretado pela razão humana, do qual o salmista disse: "o seu prazer está na lei do Senhor; e na sua lei medita de dia e de noite" (Sl 1:2).

Quase todo homem foi instruído nesta lei, e envolvido na relação com O Senhor na qual a lei estava enraizada – e a liberdade era um subproduto precioso dessas condições – isto é, valores amplamente difundidos nos quais Deus é considerado a fonte de autoridade e justiça, superior a qualquer poder terreno – e elas fornecem uma base sólida para a liberdade política.

Nestas circunstâncias, há um controle contínuo da tirania. Despreze essas condições e a liberdade não tem raízes. É como uma flor cortada que não tem vitalidade em si mesma e não dura além da vida que derivou da planta. O caminho está preparado para a tirania.

Os regimes coletivistas, por exemplo, pela natureza das coisas, tendem a ser profundamente ateus, mesmo ao ponto de pressionar uma religião corrompida a serviço para fortalecer a tirania. A experiência religiosa genuína implica o reconhecimento de uma essência inviolável no homem, a alma humana. Inculca um senso de valor e dignidade da pessoa e gera resistência aos esforços para submergir os indivíduos na massa.

Homens cuja experiência pessoal os convence de que são criaturas de Deus não se tornarão criaturas voluntárias do estado, nem tentarão fazer criaturas de outros homens. Para eles, Deus é o Senhor, cujo serviço é a liberdade perfeita; e César é o governante, a quem servir é escravidão.

5. O dilema de Romanos 13

Apesar do debate interminável, muitos cristãos mantêm uma visão ingênua ou simples do texto escrito pelo Apóstolo Paulo em Romanos 13. Isso não é algo negativo, afinal, não é razoável esperar que a maioria das pessoas tenha opiniões sobre todas as questões. No entanto, essas visões simples sobre o assunto são muitas vezes combinadas com paixão, agressão verbal e usadas para abordar importantes problemas políticos, sociais e teológicos.

CRENÇAS CONFLITANTES EM ROMANOS 13: POR QUE AINDA DISCORDAMOS

Sempre em épocas eleitorais renasce um intenso debate sobre a aplicação deste capítulo aos mandatos locais estaduais e federais, atitudes em relação a protestos públicos, submissão a policiais e políticas federais relacionadas a raça e gênero, para citar alguns. Toda a situação lembra a citação de Murray Rothbard em seu

"Making Common Sense" com respeito à ignorância da teoria econômica: "Não é crime ser ignorante em economia, que é, afinal, uma disciplina especializada e que a maioria das pessoas considera uma 'ciência sombria'. Mas é totalmente irresponsável ter uma opinião barulhenta e vociferante sobre assuntos econômicos enquanto permanece neste estado de ignorância."

Em suma, a visão comum é aquela que interpreta Romanos 13:1-7 para sugerir que o estado é estabelecido por Deus no sentido de ser uma instituição santa e embora os estados muitas vezes tenham leis ou governantes malignos, contrários ao propósito de Deus, eles são, em geral, uma força positiva para o bem.

Sugere-se então que dada a natureza autoritária divinamente designada do estado, seus mandamentos, regras e leis devem ser obedecidos pelo cristão, exceto quando exige pecado ou rebelião contra Deus e embora algumas críticas ao Estado sejam aceitáveis, geralmente devemos ter uma atitude positiva em relação ao Estado.

Embora eu tenha chamado isso de 'visão comum' de muitos cristãos comuns, interpretações e sentimentos semelhantes também foram adotados por alguns líderes históricos e modernos da igreja.

John MacArthur escreveu, "[em] Romanos 13:1 Paulo estabeleceu este princípio básico: Qualquer que seja a forma e quem quer que seja o governante, o governo civil deve ser obedecido e submetido pelos cristãos. O cristão tem um dever para com sua nação, mesmo que o governante seja um Nero ou um Hitler".

No comentário de João Calvino sobre Romanos 13 ele afirma: "Pois embora as tiranias e o exercício injusto do poder, por estarem cheios de desordem, não sejam um governo ordenado; no entanto, o direito de governo é ordenado por Deus para o bem-estar da humanidade. Como é lícito repelir as guerras e buscar remédios para outros males, por isso o apóstolo nos ordena de boa vontade e alegremente respeitar e honrar o direito e a autoridade dos magistrados, como úteis aos homens."

Esta é uma pequena amostra, mas serve ao propósito de mostrar que um sentimento semelhante é encontrado entre vários líderes influentes da igreja. Veja a defesa acalorada em relação a candidatura de "políticos cristãos".

Assim como há muitos que adotam essa perspectiva, também há muitos que apontaram uma tensão que torna difícil mantê-la. Norman Horn apontou várias maneiras pelas quais manter essas interpretações cria uma tensão causada por contradições na 'visão comum', por um lado, e no contexto histórico, bíblico e moderno, por outro:

As autoridades estatais "não têm terror para quem faz o que é certo, mas para quem faz o que é errado" (v3) por um lado, mas é amplamente conhecido que sob o governo de Nero Paulo foi preso, sob Herodes Jesus foi perseguido como um bebê, sob Tibério Jesus foi crucificado e, sob muitos outros governantes, os primeiros cristãos foram perseguidos: "Seja sujeito às autoridades governamentais" (v1) e "quem resiste às autoridades resiste ao que Deus designou" (v2) por um lado, mas Raabe, Eúde, Daniel e os apóstolos desafiaram as autoridades estatais que estavam impondo decretos injustos.

Não devemos tentar derrubar os governantes estatais seculares porque eles são "estabelecidos por" (v1) e "servos de" (v5) Deus por um lado, mas a maioria acredita que Saddam Hussein deveria ter sido derrubado e que a revolução americana foi uma busca nobre no outro.

Os governantes são "servos" (v4) e "ministros" (v6) respeitáveis e dignos de Deus para dispensar justiça por um lado, mas Paulo também escreveu que o sistema de justiça romano era muito "injusto" (1 Coríntios 6:1) para servir.

como o juiz entre as disputas cristãs do outro. Existem muitos

outros exemplos, mas estes são importantes.

Então, como os humanos podem ter crenças que tão

claramente conflitam umas com as outras (ou, no mínimo,

ficam muito desconfortáveis)? Vou dar duas razões da ciência

cognitiva moderna. Primeiro, por causa de como adquirimos

e armazenamos nossas crenças em nossa memória. Segundo,

por causa de como reagimos a crenças conflitantes.

Nosso conhecimento e crenças são construídos para

satisfazer nossos objetivos. Isso significa que eles não são

projetados ou direcionados para a verdade em si. Nossos

objetivos vão desde planejar o melhor momento para jantar

até viver uma vida significativa e agradável. Acreditar em

coisas verdadeiras geralmente nos ajuda a alcançar nossos

objetivos, mas quando atingir objetivos e manter crenças

verdadeiras estão em conflito, nossos sistemas cognitivos nos inclinam para o que funciona, não para o que é verdade.

Nossas memórias são organizadas como cidades e pequenas cidades em constante desenvolvimento, conectadas por um complexo sistema de estradas. Eles são fragmentados e muitas vezes separados por grandes distâncias. Uma crença pode nem mesmo "saber" quais crenças existem do outro lado da "cidade". Como nossas crenças são separadas – e muitas vezes sem limites claros – elas podem ser inconsistentes e confusas sem que estejamos cientes.

Somos resistentes a mudar as crenças mesmo quando descobrimos que elas contradizem. Pare de acreditar em uma das crenças conflitantes (por exemplo, mude sua interpretação de Romanos 13 ou mude suas crenças sobre os fatos que entram em conflito com ela – "Os romanos não eram tão ruins assim, eles também fizeram muitas coisas realmente boas."

Comece a acreditar em mais coisas que apoiem a crença no perigo (por exemplo, "Se não fosse a vitória de Bolsonaro em 2018, o mal teria prevalecido. Além disso, olhe para todas as outras coisas boas que os governos fizeram, como fornecer moradia acessível para os necessitados, colocando homens na lua e pegando criminosos violentos").

Parar de acreditar que uma das crenças conflitantes é muito importante, mesmo que seja verdade, ou que outra crença seja ainda mais importante, então vale a pena se apegar (por exemplo, "É apenas uma passagem na Bíblia, não faz sentido para fazer um grande negócio com apenas uma passagem." ou "Se eu mudasse minha crença sobre Romanos 13, isso poderia fazer as pessoas ao meu redor se sentirem diferente sobre mim.")

Assim, temos várias opções sobre como resolver o desconforto que sentimos quando descobrimos que nossas crenças não se alinham umas com as outras. Em geral, as pessoas tendem a se apegar à crença que consideram mais resistente à mudança. Essa crença é geralmente aquela que a pessoa sente ser mais importante e se alinha com outras crenças importantes (afinal, se você derrubar um dominó, ele pode ameaçar derrubar outros).

A partir disso, podemos ver um caminho natural para ajudar as pessoas (ou nós mesmos) a mudar sua opinião sobre Romanos 13, mostrando-lhes o quão importante é e como se alinha com outras verdades sobre a Bíblia ou sobre o mundo em que já acreditam. Isso geralmente requer uma conversa cuidadosa e amorosa, em vez de um simples lançamento de fatos antigovernamentais.

Afinal, se alguém resiste a mudar sua interpretação de Romanos 13, provavelmente não resolverá sua dissonância cognitiva descartando essa opinião em favor de um Tweet mal escrito ou de um fato histórico improvisado. Essa pessoa estará mais propensa a mudar de opinião quando descobrir que a alternativa é mais importante para acreditar do que o que ela acredita atualmente e se alinha com outras ideias que ela considera próximas e queridas.

6. Compatibilidade entre cristianismo e o libertarianismo

Sou um cristão libertário convicto. Sempre ouvi que são posicionamentos contraditórios, mas, na minha experiência, são complementares. Por exemplo, a regra de ouro (faça aos outros o que gostaria que fizessem a você) é o próprio fundamento do libertarianismo. O Senhor Jesus pronunciou dois mandamentos - ame a Deus com todo o seu coração e ame seu próximo (que é todo mundo) como a si mesmo.

O primeiro mandamento significa amar a Deus e, portanto, entender e seguir essa moral. O mandamento não diz nada sobre amar um político, país, rei ou império. Não diz que você deve obter sua moral de um conjunto de leis derivadas de pessoas. Não há espaço para um governo em seu coração se você ama a Deus de todo o seu coração.

O segundo mandamento significa tratar as pessoas com justiça, equidade, honestidade e bondade. O mandamento não diz nada sobre a necessidade de leis ou de um governo para fazer isso. Significa não começar a agressão contra o outro e que você não tem direitos sobre o outro. Este é o cerne do ideal libertário - uma pessoa não tem "posição" superior contra outra e, portanto, não pode instigar força, coerção ou fraude contra outra. Você não precisa de um monte de leis para declarar que tem direito ao seu corpo, às suas ideias e aos frutos do seu trabalho na forma de recursos e propriedade.

Onde há uma diferença é o que acontece se houver uma quebra do segundo mandamento. O cristianismo exige que você perdoe essa pessoa. Os libertários permitem que você defenda seus direitos por meio de alguma forma de resolução de disputas. Para os anarcocapitalistas, você tem o direito de se defender, contratar uma empresa de segurança e levar disputas para organizações de resolução de disputas.

e para os minarquistas, é papel do governo arbitrar disputas e ajudar a proteger aqueles que não podem se proteger.

E quanto o ateu libertário. De onde vem a moral e, portanto, de onde vêm as regras da sociedade em uma sociedade secular? Várias pessoas tentaram responder a essa pergunta sem recorrer a um governo. Se a sociedade pode concordar com uma fonte de moral e um conjunto limitado de leis baseadas nessa moral, então o resto se aplica. Não há, por exemplo, nenhum caso em que um libertário afirme que é aceitável iniciar força, coerção e fraude contra outro para obter o objetivo desejado.

Outro ponto de concordância é a interação com um governo. O Senhor Jesus não incentivou uma derrubada violenta do governo. Cristo queria que seus seguidores obedecessem às leis, exceto onde causassem pecado. Nosso Senhor queria que seus seguidores fossem um exemplo do que uma vida melhor poderia ser, ele queria que eles ensinassem os outros, não os coagissem. Neste sentido pode-se apontar 5 razões pelas quais os cristãos são libertários em suas crenças políticas.

1. O cristianismo celebra ação voluntária, criação de valor: A mensagem do Evangelho, as boas novas, é que a salvação de nossos pecados é oferecida por meio de Cristo – essa salvação é voluntária e individual, e esta é a mensagem central do cristianismo. O cristianismo literalmente começa com o indivíduo, celebra a dignidade do indivíduo e a oportunidade de salvação e depois cresce externamente na comunidade e no reino de Cristo. Deus criou tudo do nada, e podemos criar valor econômico a partir da escassez.

Uma vez que o cristianismo é sobre ação voluntária, tanto que Deus nos permitiu pecar e ficar aquém de sua glória, os governos deveriam deixar os indivíduos tomarem suas próprias decisões. Deus respeita a nossa liberdade, mesmo rejeitá-lo, para que possamos respeitar a liberdade dos outros.

O cristianismo deve ter uma perspectiva universalista e expansiva, sempre – e esse é a visão do livre mercado também. O livre mercado tem essa força motriz em direção ao globalismo, comunidade global e cooperação universal – dessa forma, o livre mercado e o cristianismo concordam totalmente.

2. A caridade voluntária é a única forma de vencer a pobreza: Nós estamos sempre tentando colocar nossos produtos no mercado para atender as necessidades dos indivíduos, porém o Estado intervém e define onde, como e o preço dos nossos produtos. Os governantes alegam que isto tem como objetivo melhor o acesso dos mais pobres aos produtos e assim lutar para erradicar a pobreza. Mas infelizmente tal situação acaba tendo um efeito contrário

fazendo que todos (comerciante e sociedade) fiquem mais pobres.

A melhor maneira de tirar os pobres da pobreza é por meio do livre mercado. Deus nos redime de nossos pecados e podemos trabalhar para redimir aqueles ao nosso redor da pobreza, ignorância e doença. Quando amamos Deus sobre todas as coisas inevitavelmente amaremos os próximos como a nós mesmo, e assim vamos lutar de forma voluntária para melhoria da qualidade de vida das pessoas. Lembrando que aquele que não ama não conhece a Deus, pois Deus é amor.

3. Governo humano não agrada a Deus: Em 1 Samuel 8, onde o povo de Israel pediu a Samuel um rei. Quando Samuel foi a Deus, o Senhor não estava feliz com isso - o povo de Israel estava dando as costas para ele. Mesmo assim Deus concedeu o desejo do povo de Israel, mas avisou que seu rei

recrutaria seus filhos, tiraria suas filhas e cobraria impostos do povo e vocês serão seus escravos.

No Evangelho de Marcos, onde Cristo descreve o que significa servir aos outros. Isto demonstra o modelo de serviço de Cristo que aponta para que a igreja seja declarada em contraste direto com a maneira como as autoridades políticas governam e dominam os outros. Finalmente, o mandamento de Jesus de "dar a César o que é de César e a Deus o que é de Deus". O contexto nesta passagem não é dignificar o governo, mas "dar a Deus o que é de Deus", já que Deus é a autoridade máxima, Cristo é a autoridade máxima, e não César.

4. O Estado de Bem-Estar Social reduz a caridade cristã: O exemplo de Cristo através das escrituras nos dá um modelo de como a caridade deve ser e o governo, ao intervir, prejudica esse modelo e gera consequências trágicas para os doadores e receptores nessa situação. Em João 18 no qual o

Senhor Jesus diz que ninguém tiraria a sua vida, mas que Ele a oferece por sua própria vontade.

E pelo fato do sacrifício de Cristo ter sido totalmente voluntário, um vínculo foi estabelecido na cruz entre Cristo, o doador final, e seu povo, o receptor final. E foi através da caridade que os cristãos podem participar deste grande dom.

Em oposição, a redistribuição do governo arruína essa conexão. Quando o governo intervém e age como doador do que poderia ter sido uma caridade voluntária, em vez de ter uma postura de humildade e gratidão, o receptor realmente fica com inveja e começa a comparar o que tem com o que o doador tem, e se sente direito às posses de outro ser humano, que sabemos pelas escrituras é pecado.

Enquanto o receptor se sente no direito de receber cada vez mais, o doador fica irado. Em vez de decidir como suas doações de caridade são alocadas, elas são retiradas de forma coercitiva e redistribuídas. O doador nunca vê para onde vai, então eles apenas têm um sentimento de amargura em relação ao falacioso estado de bem-estar social.

5. A riqueza não é pecado: No Evangelho de Mateus 19:24: "É mais fácil um camelo passar pelo fundo de uma agulha do que um rico entrar no Reino de Deus". Nas escrituras, Jesus tem várias interações com pessoas ricas, mas algumas delas ele não incentivou a vender tudo. As advertências de Jesus estão focadas na "questão do coração" de alguém "colocar a riqueza acima de Cristo e do próximo, e não um mero ataque aos ricos.

Como cristão, acredito que não há experiência mais individualista do que aquela entre uma pessoa e Deus. Cada pessoa deve desenvolver sua salvação individualmente, usando toda a sua capacidade para realizar essa salvação. Acredito que não há experiência secular mais individualista do que a de um indivíduo e seus objetivos econômicos e políticos, necessidades, desejos, capacidades e esforços. Cada pessoa deve trabalhar sua condição social individualmente, usando toda a sua capacidade para trabalhar essa condição.

É aqui no indivíduo que o cristianismo se afasta de muitas religiões e os libertários se afastam de muitos grupos políticos. Para os cristãos, a igreja existe para ajudar o indivíduo a crescer e amadurecer, mas é o indivíduo que opera sua própria salvação. Para o libertário, a sociedade existe para ajudar o indivíduo a prosperar e amadurecer, mas é o indivíduo que trabalha sua própria prosperidade.

Claro, existem diferenças significativas entre os dois. O cristianismo é espiritual, enquanto o libertário é secular e político. Ainda assim, um verdadeiro cristão percebe que o ideal libertário é muito aderente aos ensinamentos do Nosso Senhor Jesus Cristo. De igual forma os libertários entendem a importância da moral cristã para criação de uma nação sem estado, ou com estado limitado.

Vale ressaltar que os libertários, em geral, não são revolucionários. Em vez disso, eles querem que as pessoas saibam que existe uma maneira melhor de viver. Eles buscam educar as pessoas sobre porque sem um governo é melhor. Os libertários, principalmente os agoristas, incentivam usar os tribunais e as leis privadas para promover seus objetivos, além de negociarem entre si utilizando a contra economia (mercado informal).

SITUAÇÃO ATUAL NO BRASIL

Nunca na história do Brasil (para usar um famoso bordão politico) os cristãos estiveram tão presentes na política eleitoral. Eles argumentam que Deus endossa a agenda política deles, mas será que existe uma terceira maneira de pensar sobre o relacionamento entre Deus e o governo?

Atualmente temos cristãos de esquerda, direita e, infelizmente, poucos estão se voltando para o libertarianismo não porque seja uma "terceira via", mas porque é uma maneira diferente de pensar sobre poder, controle e força do Estado e consequentemente dos seus aliados, neste caso alguns falsos profetas que lideram incontáveis fiéis.

Vale ressaltar aqui que o ponto central do libertarianismo é o princípio da não agressão: que a iniciação da força contra pessoas e propriedades é imoral. Assim, os libertários defendem que o poder do governo deve ser limitado, dinheiro sólido e mercados verdadeiramente livres devem retornar, a guerra agressiva deve cessar e as liberdades civis devem ser preservadas.

O libertarianismo, portanto, trata a natureza pecaminosa do homem de forma realista. Os libertários cristãos levam isso um passo adiante, dizendo que é porque os homens não são anjos que o governo deve ter poderes limitados, ou simplesmente, não existir. Deus não mostra favoritismo nem dá privilégios especiais de posição. Todos são responsáveis perante a lei moral da mesma maneira. Quando governos e políticos estendem seu poder para que possam restringir os direitos naturais das pessoas com impunidade, eles cruzaram a linha da imoralidade.

O governo brasileiro está longe dessa linha e o remédio é buscar uma nova Constituição. Os deputados constituintes criaram a Carta Magma mais utópica da história , além de ampliar o poder do Estado para realizar os sonhos descritos.

Os libertários falam muito sobre economia, e com razão. O dinheiro é fundamental para uma economia saudável. Os cristãos também se preocupam com o dinheiro; na verdade, Deus fala frequentemente sobre dinheiro na Bíblia. A advertência de Deus contra "pesos e medidas" injustos em Levítico 19 é uma advertência para não mexer no ecossistema de mercado de dinheiro e comércio. A Bíblia é clara que alterar a quantidade de dinheiro no mercado via impressão de mais moeda é um ato imoral...É a desonestidade no dinheiro que tem sido uma das principais fontes de mal ao longo da história. Se o amor ao dinheiro é a raiz de todos os males, como diz 1 Timóteo 6:10, quanto mais a sério devemos levar a forma como nossa sociedade vê o controle sobre a oferta de dinheiro? Se é verdade, como muitos libertários afirmam, que o Banco Central é a principal causa das crises econômicas que temos hoje, então a única solução é restaurar o dinheiro-mercadoria honesto e sólido, livre de maquinações políticas e interesses especiais.

É realmente lamentável que as igrejas protestantes brasileiras pareçam pensar que os meios do estado de erradicar a pobreza através da falaciosa "justiça social" são mais importantes do que espalhar a mensagem pacífica do Evangelho de Cristo. O Senhor Jesus veio para trazer "paz na terra, boa vontade aos homens", e por extensão o objetivo do cristão deve ser o mesmo.

É um exagero e uma grande distorção usar o cristianismo de qualquer forma para justificar a coerção, a agressão e a violência. A guerra contra as drogas, por exemplo, mata inocentes, destrói propriedades e leva nações à falência. Os libertários cristãos acreditam que uma política não intervencionista é mais consistente com a forma como Deus espera que interajamos, lembrem-se que "Tudo me é lícito, mas nem tudo convém".

Os libertários defendem que todos devem ser livres para fazer o que quiserem, desde que não impactem os direitos dos outros. Os cristãos podem reconhecer a importância deste princípio simplesmente observando a história, reconhecendo quantas vezes outros cristãos foram impedidos de praticar sua religião como sua consciência exige deles. Se não dermos aos outros a liberdade de viver suas vidas como quiserem, como podemos esperar receber a mesma liberdade de fazer o que escolhemos? A legislação humana não pode tornar uma pessoa ímpia virtuosa... somente a graça de Deus pode realizar tal coisa. Deus nos criou para sermos livres para cumprir os ditames da consciência. Não podemos continuar a exigir o controle do Estado para restringir a atividade pessoal das pessoas e ainda assim assumir que nossa liberdade é segura.

Através do libertarianismo, muitos cristãos encontram uma maneira de superar suas crenças anteriores sobre política e abraçar uma filosofia política mais consistente e bíblica. A mensagem de abolição do poder do governo é poderosa por si só. Um sistema de governo sem limites, se não controlado, destruirá a produção e empobrecerá a nação. A única resposta é entender melhor a economia e os sistemas monetários, bem como as políticas sociais e externas, com a esperança de que eles mudem quando ficar claro que as políticas governamentais são uma ameaça para todos nós.

O libertarianismo não está desaparecendo e certamente ocupará um lugar cada vez mais proeminente na discussão política dos cristãos nos próximos anos.

Portanto, os cristãos deveriam se sentir indignados ao ver líderes religiosos utilizando o púlpito para fazer campanha política. Enaltecendo pessoas e esquecendo o quão perigoso pode ser o estado. E mesmo sabendo que a Bíblia não é um livro de teoria política, há temas que recebemos da Escritura Sagrada que são a base moral do cristão.

7. Processo eleitoral e o cristianismo

Em 2022 o Brasil foi às urnas em uma das eleições mais disputadas da história. E mais... os cristãos têm uma obrigação moral ou bíblica de participar do governo? Existe uma maneira distintamente cristã de se envolver no processo político? Os cristãos têm o dever de votar e, em caso afirmativo, que princípios devem informá-los ao votarem?

"As Escrituras não defendem a retirada total do processo político nem o superinvestimento nele." Alguns dizem que os cristãos devem ser cautelosos ao se associarem muito de perto com candidatos ou partidos políticos, porque corre o risco de confundir a responsabilidade da igreja com a do estado. Eles perguntam: Se Deus é soberano e controla o coração do rei (Provérbios 21:1), por que arriscar comprometer nosso testemunho do Evangelho ao se envolver em algo tão vil como um processo eleitoral? Outros sustentam que os cristãos devem estar fortemente envolvidos com políticos e política partidária. Eles dizem que porque a política é tão importante, vale a pena investir recursos significativos para educar e mobilizar a congregação para a atividade política.

Antes de qualquer decisão nunca podemos esquecer que Deus é soberano sobre todos (Salmo 115:3, 135:6; Isaías 46:8-11, Efésios 1:11), incluindo nações (Atos 17:26) e aqueles que lideram as nações (Provérbios 21:1, Daniel 2:20-21, 4:32, 35). Ele é o Deus eterno (Salmo 90:2, 93:2), imutável por toda a eternidade (Malaquias 3:6, Hebreus 13:8). Essas coisas não mudam, independentemente do resultado da eleição. Devemos lembrar que a soberania de Deus não é diminuída nem exaltada com base nos resultados das eleições.

Deus se preocupa com tudo o que afeta nossas vidas – incluindo quem serão nossos líderes e como nossa sociedade será governada. Essa é uma razão pela qual Ele nos ordenou a orar por nosso governo e seus líderes. Ele teria dito para fazer isso se Ele não se importasse com um bom governo? Claro que não. A Bíblia diz para orar sem cessar.

O PODER DA ORAÇÃO

"Peço que súplicas, orações, intercessões e ações de graças sejam feitas por todas as pessoas, pelos reis e todos os que estão em posições altas, para que possamos levar uma vida pacífica e tranquila, piedosa e digna em todos os sentidos. Isso é bom e agradável diante de Deus, nosso Salvador, que deseja que todos os homens sejam salvos e cheguem ao conhecimento da verdade". (1 Timóteo 2:1-4).

Ore pelo Brasil, mas principalmente para que nossa nação se volte para Deus e que possamos experimentar um verdadeiro avivamento espiritual. Cada vez mais parece que estamos empurrando o Senhor Jesus Cristo para fora de nossas vidas como nação – e é isto que trará consequências trágicas e não quem venceu o último pleito eleitoral. Não deixe que isso aconteça com você, certifique-se de seu compromisso com Cristo, e procure segui-Lo todos os dias. O padrão da Bíblia ainda é verdadeiro: "Bem-aventurada a nação cujo Deus é o Senhor" (Salmo 33:12).

NOSSA ESPERANÇA

O próprio Senhor Jesus falou bem sobre a nossa necessidade agora quando disse de Si mesmo em João 12:49: Pois eu não falei por mim mesmo, mas o Pai que me enviou me ordenou o que dizer e como dizer. Neste sentido Tiago fornece instruções sábias que ele provavelmente aprendeu com Senhor Jesus: se algum de vocês carece de sabedoria, você deve pedir a Deus, que dá generosamente a todos sem encontrar falhas, e ela será dada a você. Meus queridos irmãos e irmãs, tomem nota disto: Todos devem ser prontos para ouvir, tardios para falar e tardios para se irar (Tiago 1:5, 19).

Portanto acredito que como cristãos temos esperança e segurança no Nosso Senhor Jesus e em Seu Reino e que nossas vidas foram construídas sobre a

Rocha que não pode ser abalada, não importa qual seja a tempestade política, ou quem vença as eleições. Estaremos sempre regozijados na Sua Maravilhosa Paz.

Não sei para que lado você e seus amigos e familiares podem se inclinar em relação à política (Direita Conservadora, Esquerda Progressista, nenhuma ou libertários). Mas Graças a bondosa providência de Deus, vivemos em uma nação na qual ainda temos a liberdade de nos posicionar durante o período eleitoral. Como cidadãos de um país celestial, entendemos que somos apenas estrangeiros peregrinando nesta terra enquanto estamos no Caminho em direção à cidade celestial, a nova Jerusalém. Por isso, não depositamos nossa esperança em candidatos políticos ou resultados eleitorais.

SOMOS ESTRANGEIROS EM TERRA ESTRANHA

Independentemente de suas convicções políticas ou resultados eleitorais, então, como embaixadores de Cristo, devemos demonstrar a multiforme sabedoria de Deus em nossas vidas unidas como igreja (Efésios 3:10). Ou seja, ao contrário dos incrédulos que fazem ídolos de candidatos políticos e colocam suas esperanças em resultados políticos, não fazemos isso porque há apenas um governante que é digno de nossa lealdade de todo o coração, e seu nome é Jesus. Nós não o elegemos, mas Deus nos escolheu nele para sermos uma nação santa (Efésios 1:3-4; 1 Pedro 2:9). Essa perspectiva bíblica nos capacita a amar uns aos outros e encorajar uns aos outros, vivendo na unidade que o Espírito nos deu em Cristo pela fé no evangelho (Efésios 4:1-6).

Portanto, embora nem todos concordemos com questões ideológicas, políticas ou candidatos específicos, em vez de lutarmos uns contra os outros, lutaremos para manter a unidade cristã. Como fazemos isso? Permaneceremos firmes no evangelho, focaremos na missão que o Senhor nos deu, permaneceremos juntos no que devemos concordar e seremos caridosos uns com os outros nas coisas em que somos livres para discordar.

Neste contexto é provável, dar um voto moralmente justificável tendo motivações imorais. As pessoas que argumentam que há apenas uma escolha para os cristãos fazerem neste ano eleitoral estão colocando uma restrição à consciência cristã que as Escrituras não permitem (Romanos 14:10-23). Desacordos entre cristãos sobre como votar geralmente surgem menos de desacordos sobre princípios e mais de desacordos sobre como avaliamos nossos princípios.

Os cristãos precisam ser pessoas comprometidas em lidar com questões políticas sem permitir que elas nos dividam. A situação normal dos cristãos está à margem da sociedade. Devemos esperar oposição e sofrimento. Raiva, medo e desespero pela perda de uma posição privilegiada não são marcas de pessoas que entendem o que significa seguir a Cristo.

A FALÁCIA ELEITORAL

Alguns cristãos também podem querer interpretar os resultados da eleição como um sinal da bênção ou julgamento de Deus sobre uma nação, como vemos em Deuteronômio 11:26-28. Embora isso seja possível, devemos lembrar que o Brasil não está em um relacionamento de aliança com Deus como a nação de Israel. Uma aliança vem com estipulações e obrigações que devem ser cumpridas por ambas as partes, como em um contrato. Se qualquer uma das partes não cumprir sua parte no acordo, as consequências se seguirão. Uma vez que Deus sempre manteve suas promessas, sempre foi Israel quem falhou em suas obrigações e, como resultado, frequentemente sofreu o julgamento de Deus até se arrepender.

Portanto, nossa Esperança e Identidade estão em Cristo. Enquanto nos esforçamos para ser um bom mordomo sobre nossas responsabilidades terrenas devemos lembrar que nossa identidade principal está em Cristo (2 Coríntios 5:17; Gálatas 2:20, 3:26; Colossenses 3:3). Antes de sermos cidadãos da terra, somos cidadãos do céu (Filipenses 3:20).

Isso significa que nossa esperança nunca deve estar vinculada aos resultados das eleições terrenas. Nossa esperança não está em reinos ou governos terrenos, mas nas promessas eternas de Deus (Romanos 8:18-25, Colossenses 1:5, Tito 3:7).

Como Paulo nos lembra: "Se em Cristo temos esperança somente nesta vida, somos os mais dignos de pena de todos" (1 Coríntios 15:19). Se nossa esperança está verdadeiramente depositada em Cristo e em seu reino eterno, então os resultados eleitorais desfavoráveis não devem nos abalar ou nos fazer encolher de medo ou perder a esperança. Fazer isso nos mostraria que nossa esperança estava equivocada. Independentemente dos resultados da eleição, as Escrituras nos chamam a preparar nossas mentes para a ação, ter a mente sóbria e "colocar toda a sua esperança na graciosa salvação que virá a você quando Jesus Cristo for revelado ao mundo". (1 Pedro 1:13).

Quer gostemos ou não do candidato eleito para o cargo, Deus é soberano. Assim como a vitória do nosso candidato preferido não dá mais glória a Deus, tampouco a vitória do outro candidato a diminui. Podemos nem sempre saber a razão pela qual Deus permite que algumas eleições sejam de um jeito ou de outro, mas sempre podemos estar confiantes em sua bondade, amor e poder. As eleições não mudam as coisas mais importantes para um cristão: nossa eterna segurança, identidade e esperança em Cristo e seu reino.

Por fim, os resultados da eleição não mudam nosso propósito e missão primários como Igreja. Ainda somos chamados a fazer discípulos e proclamar o evangelho (Mateus 28:18-20). Durante a época das eleições, pode ser fácil esquecer que as necessidades primárias das pessoas são espirituais. Deus nos fez "embaixadores" para trazer um mundo moribundo à reconciliação com Deus por meio de seu Filho, Jesus Cristo (2 Coríntios 5:20). Independentemente dos resultados da eleição, ainda haverá pessoas que precisam ouvir as boas novas de Deus.

Na verdade, acho um erro drástico pensar que as influências mortais de um líder vêm apenas por meio de suas políticas e não também por meio de sua pessoa. Não é desconcertante, então, que tantos cristãos pareçam ter certeza de que estão salvando vidas e liberdades humanas ao tratar como mínimos os efeitos destrutivos do câncer que se espalha pelo pecado da arrogância daqueles ditos "formadores de opinião" na cultura cristã fluída?

A liberdade e a vida são preciosas. Todos nós queremos viver e ser livres para buscar a felicidade. Mas se nossas liberdades, e até mesmo nossas vidas, são ameaçadas ou tomadas, a essência de nossa identidade em Cristo, a certeza de nossa alegria eterna com Cristo e a santidade e amor pelos quais fomos salvos por Cristo – nada disso é perdido com a perda da vida e da liberdade.

Portanto, os cristãos comunicam uma falsidade aos incrédulos quando agimos como se as políticas e leis que protegem a vida e a liberdade fossem mais preciosas do que a verdadeira Fé. A igreja está pagando caro, e continuará pagando, por comunicarmos essa falsidade em cada ano eleitoral.

É desconcertante que os cristãos possam ter tanta certeza de que um dano maior será causado por um mau presidente, ou maus juízes do STF, más leis aprovadas no Senado ou na Câmara e más políticas econômicas do que está sendo causado pela disseminação do câncer pecaminoso da autoexaltação de igrejas ditas cristãs, da jactância e da contenda que infecta cada vez mais o meio "gospel".

Infelizmente cada vez menos cristãos estão agindo como os crentes de Hebreus 10:34: "Aceitaram com alegria a pilhagem de seus bens, pois sabiam que vocês mesmos possuíam uma propriedade melhor e permanente." Cristãos que enfrentam ódio, injúria e exclusão por causa de Cristo e ainda "se alegram naquele dia e exultam de alegria, porque eis que [seu] galardão é grande no céu" (Lucas 6:22-23). Hoje muitos querem somente ser aceitos por uma determinada "tribo" ou se encontrar no "lado certo" da história humana.

8. Libertarianismo Cristão

Portanto, como apresentado até este ponto do livro, nós libertários muitas vezes nos perguntamos onde estamos no chamado espectro político. Tendemos rotular como "liberais entre conservadores" e/ou "conservadores entre liberais". Mesmo entre os libertários, uma forma de paradigma Esquerda/Direita às vezes pode ser encontrada, e um tipo similar de paradigma binário existe também na igreja. Protestantes liberais e evangélicos fundamentalistas estão em desacordo há mais de um século e agora os debates sobre nacionalismo e marxismo estão surgindo, mesmo na comunidade reformada. Então, o que está acontecendo e como os libertários cristãos respondem?

Independentemente de sua posição devemos nos opor veementemente a muitas tentativas de fazer o Estado crescer, tanto na esquerda quanto na direita, e descobrir que a teologia conduz essas tentativas. A Teologia Liberal, que em parte questionava a inspiração das Escrituras, também mudou a compreensão da relação entre a Igreja e a sociedade. Na qual pretendia aproveitar a instituição do Estado para resolver os problemas para os quais os cristãos são chamados, como cuidar dos pobres, curar os doentes, etc.

E ao questionar a inspiração das Escrituras, a Teologia Liberal abrigou uma tolerância teológica que afastou a doutrina das normas confessionais protestantes que foram aceitas na época por cismas do movimento luterano original, incluindo anglicanos, presbiterianos, congregacionalistas e outros. A teologia liberal deu origem a um evangelho social, que se assemelhava ao que conhecemos hoje como socialismo, e que esse evangelho social destrói as liberdades da sociedade.

Também devemos nos distanciar das tendências políticas, escatológicas e revivalistas do fundamentalismo em usar o estado como uma máquina conservadora. Um exemplo é nos posicionar contra a obrigatoriedade da educação de caráter protestante, leitura da Bíblia e oração nas escolas públicas. Pois mesmo sabendo que ler a Bíblia nas escolas resultaria na dissolução de questões doutrinárias. Isso inevitavelmente surgiria através da padronização da educação. E que o controle estatal da educação era ruim o suficiente, mas "colocar Deus nas escolas" era esterilizar e estatizar o evangelho. A educação sobre a doutrina e a Bíblia são de responsabilidade da Igreja e dos pais cristãos, não do governo.

Vale ressaltar que o calvinismo foi o principal impulsionador da visão libertária e de seus interesses sociais e econômicos. De fato, sua resistência ao paradigma da falsa escolha entre Teologia Liberal versus Fundamentalismo, Esquerda versus Direita, tem raízes profundas na Reforma

Protestante, que poderia ser vista, em uma visão panorâmica, como uma resistência tanto ao legalismo fundamentalista da Igreja Católica quanto ao balanço resultante do pêndulo do universalismo desde a controvérsia arminiana do século XVII.

Infelizmente, nem a Teologia Liberal nem o fundamentalismo foram propriamente reformados, tanto no sentido amplo da Reforma quanto no sentido estrito do calvinismo e das confissões das denominações acima mencionadas. Claramente há diferenças entre luteranos, anglicanos, presbiterianos, congregacionalistas, etc., mas suas confissões eram amplamente consistentes com Lutero e Calvino. Já a Teologia Liberal quanto o fundamentalismo são um distanciamento dos ideais da Reforma e, portanto, como algo que os cristãos deveriam rejeitar por razões políticas e teológicas.

Existe um perigo real no abuso do evangelho para fins sociais e políticos que estava (e ainda está) na raiz da

Teologia Liberal e do fundamentalismo na igreja. Teologicamente, ambos representam uma ameaça para uma cultura sólida e vida intelectual.

A tendência dos cristãos de incorporar várias ideologias filosóficas em sua teologia requer um exame cuidadoso dessas ideias contra os ensinamentos históricos da Igreja. Infelizmente, a tendência atual é abraçar ideologias sem realmente examiná-las. Isso é perigoso, neste cenário os libertários cristãos têm uma dupla oportunidade: primeiro, entender a relação entre cristianismo e libertarianismo e continuar os esforços para resistir àquelas ideologias que comprometem a verdadeira fé cristã e o papel adequado do governo civil.

9. O mundo na Cosmovisão Cristã

C.S. Lewis foi um brilhante autor de livros de fantasias (com destaque a bestseller Crônicas de Nárnia), o que poucos sabem é que ele também era cristão e escrevia com frequência sobre a reflexão do mundo através da cosmovisão cristão. Neste sentido o propósito deste capítulo é apresentar estas reflexões e traçar um paralelo com a visão libertária.

Lewis afirmava que temia o governo em nome da ciência pois era assim que surgiam as tiranias. Em todas as épocas, os homens que nos querem sob seu controle, se tiverem algum bom senso, apresentavam a pretensão particular que as esperanças e medos daquela época tornam mais potentes. Eles já usaram o 'dinheiro', a magia e até mesmo o cristianismo. Agora certamente usam a ciência.

Então os maiores problemas globais são, para Lewis, a fome, doença e o pavor da guerra. E somente a tecnocracia global onicompetente pode nos salvar. No mundo antigo, os indivíduos vendiam-se como escravos para comer. Assim a sociedade se entregava devido ao medo: a um feiticeiro poderoso que pode nos salvar dos feiticeiros – a um senhor da guerra que pode nos salvar dos bárbaros, a uma igreja que pode nos salvar do inferno. O medo faz com que os indivíduos se entreguem aos salvadores amarrados e com os olhos vendados, se eles quiserem!

O resultado disto tudo para Lewis é que alguns homens se encarregaram e encarregarão do destino dos outros. Eles serão simplesmente homens; nenhum perfeito; alguns gananciosos, cruéis e desonestos. É assim que surgiu e se consolida a ideia de "estado".

Quanto mais completamente formos planejados, mais poderosos eles serão. Será que descobrimos alguma nova razão pela qual, desta vez, o poder não deve corromper como antes?

Outro ponto trabalhado do C.S. Lewis foi a questão entre a longevidade e a qualidade de vida. Progresso, para ele, significava aumentar a bondade e a felicidade das vidas individuais. Para a espécie, como para cada indivíduo, a mera longevidade parecia um ideal desprezível. Acreditava que viver a sua vida à sua maneira, chamar a sua casa de castelo, desfrutar dos frutos do seu próprio trabalho, educar os seus filhos de acordo com a sua consciência, poupar para a sua prosperidade após a sua morte – estes são desejos profundamente enraizados em homem civilizado. Sua realização é quase tão necessária para nossas virtudes quanto para nossa felicidade. De sua frustração total, resultados desastrosos, tanto morais quanto psicológicos, podem ocorrer.

Outra reflexão do brilhante autor era em relação a coerção estatal, principalmente quanto a religião. Como exemplo ele citava que para os não crentes a religião era uma neurose. E quando a neurose se tornar inconveniente para o governo, o que impedirá que os cristãos sejam submetidos a uma "cura" compulsória? Pode ser doloroso; tratamentos às vezes são. Mas não adianta perguntar: 'O que eu fiz para merecer isso?' O carrasco responderá: 'Mas, meu caro amigo, ninguém está te culpando. Estamos curando você.

Lewis afirmava que as ameaças do governo eram terríveis o suficiente, mas que poderíamos suportar. Mas eram as promessas estatais que trazem o desespero. Portanto, uma tirania exercida para o bem de suas vítimas será a mais opressiva.

Ele também criticava aqueles que tinham a crença de que o processo que o Partido (Comunista) incorporava era inevitável e a crença de que o encaminhamento da revolução era o dever supremo de revogar todas as leis morais comuns. Nesse estado de espírito, os indivíduos virariam somente adoradores do diabo, no sentido de que agora podem honrar e obedecer a seus próprios desejos e vícios. Sabemos que todos às vezes obedecem a seus vícios: mas é quando a crueldade, a inveja e a ânsia de poder aparecem como comandos de uma grande força que eles podem ser exercidos com autoaprovação.

Sob as condições atuais, qualquer convite efetivo ao Inferno certamente aparecerá sob a forma de planejamento científico, acreditava Lewis – como o regime de Hitler de fato fez. Todo tirano deve começar afirmando ter o que suas vítimas respeitam e dar o que elas querem. A maioria na maioria dos países respeita a ciência e quer ser planejada. E, portanto, quase por definição, se algum homem ou grupo deseja nos escravizar, é claro que se descreverá como 'democracia científica planejada'. Mais uma razão para olhar com muito cuidado para qualquer coisa que ostente esse rótulo.

E grande parte do entusiasmo democrático vem das ideias de pessoas como Rousseau, que acreditava na democracia porque considerava a humanidade tão sábia e boa que todos mereciam uma parte do governo. O perigo de defender a democracia com base nisso é que eles não são verdadeiros. A verdadeira razão para a democracia é exatamente o contrário. O homem é tão vil que não se pode confiar em nenhum homem com poder incontrolável sobre seus semelhantes.

Portanto, existem duas razões opostas para ser um democrata. Você pode pensar que todos os homens são tão bons que merecem uma parte do governo da comunidade, e tão sábios que a comunidade precisa de seus conselhos. Essa é, na minha opinião, a falsa e romântica doutrina da democracia. Por outro lado, você pode acreditar que a humanidade pecadora é tão perversa que não se pode confiar a nenhum homem poder irresponsável sobre seus semelhantes. Nisto Lewis acreditava ser o verdadeiro fundamento da democracia como uma oposição a tirania e ao absolutismo.

Infelizmente, C.S. Lewis pouco se aventurou nas ideias do Cristianismo Libertário mas mesmo assim ficava claro em seus escritos a preocupação dele em relação a um governo humano mundano com o monopólio da força. Somente uma sociedade baseada no respeito mútuo e com base nos valores cristãos poderia viver harmonicamente em um mundo que jaz no maligno.

10. Visão Reformada do estado

Portanto creio com base na teologia reformada que o Capítulo 13 da Epístola aos Romanos que, em seu esboço básico, é compatível com o anarquismo libertário, ou uma 'governança civil sem estado'. Sei que nem todos os cristãos libertários são anarquistas ou protestantes reformados confessionais (calvinistas).

Mas essa perspectiva pouco conhecida sobre a passagem pode ser útil para todos os cristãos. Isto se faz importante neste momento em que vários irmãos em Cristo estão encarando a escolha do nosso novo chefe de estado (presidente da República) como uma guerra espiritual, na qual, se a Igreja se omitir, Satanás sairá vencedor e o Povo Propriedade Exclusiva de Deus será perseguido e muitos morrerão.

É importante ressalta que essa visão não é sobre eleições e nenhum candidato político em particular. Em vez disso, é uma filosofia política ou uma visão de governança civil baseada em uma visão do que são as pessoas, propriedade, direitos e, especificamente, o uso legítimo da coerção.

Devemos distinguir entre, por um lado, o que possuímos e devemos em relação a Deus e, por outro lado, o que possuímos e devemos em relação a outras pessoas. Poderíamos nos referir a isso em termos de 'vertical' (para Deus) e 'horizontal' (para nossos semelhantes). A norma de não iniciação da coação tem a ver com a horizontal; o que possuímos e devemos em relação a outras pessoas. Claro, Deus é dono de tudo, e nós devemos tudo a Deus.

Voltando ao dilema de Romanos 13

A seguinte visão reformada histórica de Romanos 13 na qual Paulo não está nos dizendo que precisamos nos submeter a tiranos ou a quaisquer leis injustas. Paulo não está falando de fato governantes, aqueles que estão de fato reivindicando o poder atualmente. Ele não está falando sobre a ordenação 'providencial' de Deus, ou instituição de governo, mas sim sobre o projeto prescritivo ou legítimo de governança.

Nenhuma ordem para fazer qualquer coisa moralmente errada pode ser obrigatória, nem qualquer ordem que transcenda a autoridade legítima do poder de onde emana. Em outras palavras, não é apenas a ordem para pecar que não temos que obedecer quando é emitida por qualquer autoridade pretensa, mas, além disso, não temos que obedecer nada vindo de autoridades civis pretensas além dos requisitos agir com justiça e se submeter à justiça, porque esse é o limite de sua autoridade ordenada por Deus.

Quaisquer que sejam os termos que as traduções usem, "os poderes constituídos" ou as "autoridades existentes" ou "governantes" no versículo 1, aos quais devemos nos submeter, isso não significa os poderes de fato que reivindicam autoridade. Em vez disso, o significado aqui é apenas aqueles, a quem Deus autoriza, ordena ou institui (qualquer palavra que esteja sendo usada) são autoridades legítimas reais. Esse é o significado.

Nas Escrituras, a palavra 'ordenar' às vezes pode significar a providência de Deus; isto é, tudo o que acontece na história, tudo o que realmente ocorre por determinação de Deus. Mas essa mesma palavra, ordenar, também é usada para Sua 'autorização moral', prescrição ou exigência. Então, como decidimos como ele está sendo apresentado aqui? O contexto imediato da passagem nos mostra que se trata da autorização de Deus, porque o texto continua especificando nos versículos 3 e 4 que Deus apenas autoriza ou ordena o uso da espada (coerção) para administrar a justiça civil real.

Para responder a uma possível objeção: quando a passagem nos versículos 6 e 7 diz: "Por esta razão você também deve pagar tributo (ou impostos), pois eles são ministros de Deus que atendem continuamente a isso mesmo" (isto é, a administração da justiça)", prestam, portanto, a todos os seus devidos. Impostos a quem os impostos são devidos..." e assim por diante, você notará que esta passagem não diz, e nenhuma Escritura realmente diz, que alguém de fato deve um imposto. Em vez disso, diz que se você deve, então pague o que deve. Por exemplo, se optarmos por usar uma estrada com pedágio, ficaremos devendo o pedágio.

Já as exortações anteriores (nos capítulos anteriores de Romanos) para não se conformar com o mundo, discernir e apegar-se ao que é bom, abominar o mal, evitar a vingança, viver em paz - você poderia concluir prontamente, ou você pode imaginar alguém pode pensar: "ei, o governo é contrário a essas coisas; é contrário à vontade moral revelada de Deus, está de acordo com o mundo pecaminoso, eles estão fazendo o que é mau, estão sendo vingativos, não estão apoiando a paz, etc, etc… e por isso devemos resistir a todo governo".

Além disso, Paulo conhecia o Antigo Testamento e os ensinamentos de Jesus. Oséias 8:4 diz: "Eles fizeram reis, mas não por mim." Ou seja, nem todos os chamados governantes estavam de acordo com a ordenação de Deus. Em Marcos 10:42, Jesus se refere àqueles que são 'considerados' como governantes dos gentios. Esta palavra 'considerada' é significativa porque significa 'supostamente, mas não realmente' autoridades. Paulo também viveu no mundo real e certamente assumiu que alguns em posições de poder, e algumas formas de poder, são obviamente maus e ilegítimos.

Assim, à luz de tudo isso, em Romanos 13 , Paulo se propõe a esclarecer que, apesar do mal do império e do estado, Deus, no entanto, estabeleceu um papel legítimo para o governo civil (administração da justiça civil), e que nossa submissão ao O tipo de governo civil que Deus prescreve ou ordena também está de acordo com Sua vontade moral.

Os cristãos podem ignorar leis injustas? Quando você pergunta a um cristão qual é a relação entre o cristão e o governo, é mais provável que ele aponte para Mateus 22:21: "Então dê a César o que é de César, e a Deus o que é de Deus." Este versículo, junto com Romanos 13, é frequentemente considerado a soma total dos sentimentos políticos expressos no Novo Testamento.

Os cristãos devem dar a César o que ele quiser e devem estar "sujeitos às autoridades governamentais". É claro que questões lógicas e morais surgem aqui quando consideramos questões como: "E quanto a Hitler?"

Para responder a pergunta devemos usar o Capítulo 5 do Livro de Atos e examinar um exemplo muito vívido da Igreja primitiva e apostólica interagindo com as autoridades governamentais. É uma aplicação em tempo real e no mundo real dos ensinamentos dos apóstolos em passagens como Romanos 13:

"Levantou-se então o sumo sacerdote e todos os que estavam com ele, e ficaram cheios de inveja. Eles impuseram as mãos sobre os apóstolos e os colocaram em uma prisão pública. Mas, durante a noite, um anjo do Senhor abriu as portas da prisão, levou-os para fora e disse: 'Vão e fiquem no pátio do templo e proclamem ao povo todas as palavras desta vida'. Quando eles ouviram isso, eles entraram nos pátios do templo ao raiar do dia e começaram a ensinar. (...) Quando eles os trouxeram, eles os apresentaram perante o conselho, e o sumo sacerdote os interrogou, dizendo: 'Nós lhes demos ordens estritas para não ensinar neste nome. Veja, você encheu Jerusalém com seus ensinamentos e pretende trazer o sangue deste homem sobre nós!'

Mas Pedro e os apóstolos responderam: 'Devemos obedecer a Deus e não às pessoas. O Deus de nossos antepassados ressuscitou Jesus, a quem vocês prenderam e mataram, enforcando-o em um madeiro. Deus O exaltou à Sua destra como Líder e Salvador, para dar a Israel o arrependimento e o perdão dos pecados.

E nós somos testemunhas desses eventos, assim como o Espírito Santo que Deus deu àqueles que Lhe obedecem.'"

Então, nesta passagem o que testemunhamos é que os apóstolos estão falando sobre Jesus e outras coisas, e isso irrita o Sinédrio. Então, "eles impuseram [suas] mãos [sobre]" (ou seja, prenderam) os apóstolos, mas os apóstolos foram libertados naquela noite por um anjo. Quando o Sinédrio descobre que os apóstolos foram libertados e continuam a pregar sobre Jesus, eles ficam chocados e ainda mais irritados, prendendo os apóstolos novamente, trazendo-os diante do Sinédrio e dizendo-lhes: "Nós lhes demos ordens estritas para não ensinar neste nome." É este versículo em particular que embala toda a passagem e no que precisamos nos concentrar.

Claramente nesta passagem os apóstolos estão desobedecendo a uma autoridade governante, o Sinédrio. Isso fica ainda mais claro pelo termo "ordens estritas". E encontramos os apóstolos explicitamente desobedecendo e se justificando: "Devemos obedecer a Deus antes que às pessoas".

O versículo 33, não citado acima, deixa claro que os apóstolos corriam o risco de serem executados e, de fato, toda a sua vida está cheia de exemplos deles ignorando multidões odiosas e governantes e pregando as Boas Novas, embora, para usar Paulo como exemplo, levou a cinco açoites, três espancamentos com vara, apedrejamento, três naufrágios; muitas jornadas perigosas enfrentando perigos de rios, ladrões, conterrâneos, gentios, cidades, deserto, mar, falsos irmãos; muitas noites sem dormir, com fome e sede, muitas vezes sem comida, com frio e sem roupa suficiente.

Vamos pegar esse conhecimento e aplicá-lo à velha pergunta: "E quanto a Hitler?" Na Alemanha nazista era lei, uma "ordem estrita", não dar ajuda ou refúgio de forma alguma aos judeus, sob pena de morte. Um verdadeiro cristão na Alemanha Nazista e nos países ocupados deveria ter desafiado o estado e escondido seus os judeus das tropas alemãs da SS. O governo revogou sua autoridade e não tinha o direito de fazer qualquer exigência." Os apóstolos, como mostrado acima, enfrentaram uma abundância de situações em que poderiam ter enfrentado a morte, como em Atos 5, quando o Sinédrio iria executá-los, mas eles persistiram em seus caminhos.

Os cristãos são continuamente exortados a fazer o bem, proteger a vida e abominar a injustiça (Sl 34:14, 37:27, 82:3; Prov. 31:8-9; Mat. 7:12; Isa. 6:8), e assim teria sido o dever, a ordem estrita de Deus, dos cristãos alemães esconder e ajudar os judeus alemães. Seja Hitler, Stalin, Mao, Alexandre de Morais ou autoridades seculares modernas que cada vez mais impõem a ética cristã para fins de "igualdade" ou "direitos das minorias", os cristãos – aconteça o que acontecer – "devem obedecer a Deus e não às pessoas".

Frequentemente nos dizem que a ideia de cristãos se absterem de toda participação em governos civis, exceto por uma submissão passiva a leis que não exigem violação da lei de Deus, é uma ideia recente; quando respondemos que era a prática dos primeiros cristãos, é respondido: "Eles ficaram distantes do governo civil apenas porque não tinham permissão para participar da política".

A história dos primeiros cristãos é suficiente para negar essas suposições, assim, vemos o testemunho mais claro e inequívoco de que, por três séculos, os cristãos não apenas se mantiveram distantes dos assuntos civis, mas o fizeram com a firme convicção de que, ao se envolverem neles, perderam suas pretensões de serem cristãos e traíram a causa de Deus e seu Cristo. Mas à medida que a religião cristã se corrompeu, essa simplicidade e pureza de vida foram gradualmente abandonadas, e uma relação adúltera é iniciada entre cristãos e governos humanos.

Por volta do final do século III os cristãos se tornaram numerosos, nas disputas e animosidades das comoções civis dos diferentes partidos – seu favor foi cortejado – eles foram lisonjeados e oferecidos lugares no governo. Corrupções se infiltraram na Igreja – uma parte dos cristãos professos formou a aliança com os governos mundiais, e de um passo para o outro nesta nova e ilícita aliança, cresceu na hierarquia romana.

Mas, desde o início desta aliança, muitos cristãos resistiram vigorosamente, se opuseram e denunciaram a aliança e a participação como pecaminosas e adúlteras. Estas, sem qualquer organização eclesiástica, salvo as simples congregações do Senhor, resistiram à tendência da festa popular com sucesso variável em diferentes épocas e em vários lugares.

Acredito que o governo humano seja, portanto, o resultado da relutância do homem em se submeter a Deus. É a rebelião organizada do homem contra seu Criador. É o resultado do esforço do homem para viver sem a ajuda e direção de seu Criador. Ele fez seu próprio governo, apenas porque não estava disposto a obedecer ao governo de Deus. Embora reconheçamos a absoluta necessidade da existência de governo humano enquanto uma parte considerável da família humana se recusar a submeter-se ao governo de Deus, e embora reconheçamos a verdade, que mesmo Deus ordenou esses governos para uso e punição dos ímpios, ainda pensamos que é extremamente insultante a Deus para aqueles governos que permanecem como os monumentos da rebelião do homem contra seu Criador,

A conexão entre Igreja e Estado é um mal absoluto tanto para a Igreja quanto para o Estado. Isso pode ser uma cunha de entrada para outra coisa. O próprio Senhor Jesus Cristo reconheceu que os reinos deste mundo estavam sob o domínio do iníquo; que "o maligno era o príncipe deste mundo". Sendo assim é uma tolice acreditar nos reinos do iníquo reconhecendo o Senhor enquanto ainda serve fielmente ao estado. Que cada instituição navegue sob suas cores verdadeiras e reconheça apenas o príncipe e o governante a quem ela serve. O mundo compreenderá assim a verdadeira posição de todos, e Deus será honrado por seus verdadeiros servos, e eles serão separados dos servos do maligno.

Considerações Finais

Sendo assim, o Cristianismo Libertário pode ser considerado uma visão política, ou governo civil, informado por uma teologia cristã reformada (uma visão do ensino das Escrituras expressa nas confissões reformadas históricas) e uma filosofia reformada (uma visão da realidade criada dirigida pelo ensino das Escrituras).

Com base em uma teologia e filosofia reformadas, o seguinte resume uma visão reformada de cultura e sociedade, como o contexto mais amplo dentro do qual nossa visão da política é definida, seguida por governo civil e algumas implicações para a ação.

Neste sentido o que podemos definir cultura? Cultura é a atividade humana de domínio sobre a terra; sendo frutífero, preenchendo, governando e subjugando o mundo, cultivando e mantendo-o.

A cultura, portanto, é o resultado desse trabalho, o ambiente secundário da produção humana dentro do ambiente natural. Sendo feitos à imagem de Deus (Gênesis 1:26-28; 2:15; 9:1-7), projetados para exercer domínio, os seres humanos, mesmo caídos em pecado, não podem deixar de agir com propósito, trabalhar e cultivar a criação, incluindo nós mesmos.

Outro ponto é em relação que a humanidade pode ser compreendida em várias camadas. Na superfície, por assim dizer, as pessoas manifestam comportamentos observáveis, alguns dos quais podem ser chamados de costumes, e produzem artefatos materiais de todos os tipos.

Em uma camada mais profunda, as comunidades e instituições são desenvolvidas para vários fins, e muitas vezes refletem, em uma camada ainda mais profunda, os numerosos valores de acordo com os quais as pessoas discernem quais atividades concretas devem fazer e como realizá-las.

E, na camada de base, as pessoas adotam o que pode ser chamado de cosmovisões de mundo; entendimentos básicos do que é o mundo e diversos propósitos dentro dele. E essas várias camadas culturais existem em uma dinâmica de influência recíproca. Tecnologias, práticas e comunidades humanas afetam valores e crenças, e vice-versa.

As atividades dentro de todas essas camadas são todas atividades culturais. Tanto cristãos quanto ímpios participam de todos esses tipos de atividades. Por eles são formamos as histórias de nossas vidas individuais e de civilizações. Como expressão de sermos a imagem de Deus, toda ação humana é fundamentada na 'religião', que é nossa orientação central para o verdadeiro Deus revelado no Cristo da Escritura, ou para longe Dele em direção a um falso ídolo. (Romanos 1:18-25; Mateus 15:18-19)

A imagem de Deus no ser humano pode ser entendida como tendo duas dimensões. Existe uma dimensão 'estrutural' ou oficial, e existe uma dimensão 'direcional' ou normativa. Por estrutural, nos referimos às leis ou ordenanças criacionais de Deus que estão em vigor para as coisas criadas, constituindo tais coisas como o tipo de criaturas que são.

Nesse sentido, queremos dizer estrutura paracriação e atividade cultural, não estruturas de criação e cultura; isto é, não coisas ou produtos culturais propriamente ditos. Assim como existem diferentes tipos de coisas criadas, também existem diferentes tipos de leis criacionais. Algumas leis são diretamente obrigatórias, como as leis físicas, por exemplo, a lei da gravidade. Outras leis, embora sempre em vigor, são atraentes. Ou seja, eles podem ser violados. Esses tipos atraentes de leis normativas se aplicam especialmente à atividade cultural e à ação humana em geral e podem ser referidos como normas (deveres/deves), por exemplo, normas lógicas, como a "lei da (não) contradição". Por direcional, nos referimos ao desvio negativo e à conformidade positiva com as normas dadas por Deus.

Após a queda no pecado, a humanidade retém a dimensão estrutural, continuando pela graça comum de Deus a ser Sua imagem como aqueles que têm um ofício de autoridade, chamados a exercer domínio (sintetizado em fazer julgamentos).

No entanto, pela queda no pecado, a humanidade não regenerada perde a dimensão direcional positiva mais profunda dessa imagem, não mais julgando corretamente. Na pessoa regenerada, a imagem de Deus é renovada em Cristo, na verdadeira justiça, santidade e conhecimento. Embora os cristãos sejam centralmente redirecionados para Deus, eles ainda podem pecar, sofrer os efeitos do pecado e desviar-se das normas de Deus, incluindo aquelas para atividades culturais.

A renovação da imagem em Cristo pela redenção fornece a possibilidade para os cristãos, em certa medida, discernir e viver de acordo com as normas culturais ordenadas por Deus. Por outro lado, enquanto os não regenerados estão em uma condição básica de orientação errada para longe de Deus, pela graça comum de Deus, eles podem, em alguma medida, agir externamente de acordo com certas normas.

Ao entendermos a cultura neste novo contexto, o próximo passo e compreender a sociedade. Entendemos por sociedade as numerosas relações individuais e comunais de diversas variedades. Existem relações interindividuais, relações comunitárias e relações intercomunitárias. Enquanto apenas indivíduos agem, nem a sociedade, nem qualquer relação comunal pode ser adequadamente reduzida a apenas relações interindividuais. E um indivíduo nunca é uma mera parte de uma determinada comunidade da qual é membro.

As relações comunais diferem das relações interindividuais por serem comparativamente mais duradouras e envolverem arranjos de autoridade. Nem os indivíduos nem as comunidades são mais básicos ou têm sua origem no outro. Indivíduos e várias comunidades são eles mesmos totalidades, em última instância estruturadas ou normatizadas por Deus na criação. Nesse sentido, rejeitamos tanto uma visão individualista quanto uma visão coletivista da sociedade.

Existem esferas comunais distintas, ou tipos de comunidades. Cada tipo de comunidade se distingue de outros tipos por sua própria natureza intrínseca, diferentemente caracterizada em sua organização e propósito, governada por suas próprias normas dadas por Deus. Por exemplo, existem tipos de comunidades familiares, eclesiais/de fé, políticas/civis, comerciais, sociais, caritativas, médicas, educativas, estéticas/artísticas, entre outras. Nenhum tipo único de comunidade engloba ou regula adequadamente todos os outros. Tampouco qualquer comunidade particular de um determinado tipo abrange ou regula adequadamente todas as outras do mesmo tipo.

Cada tipo de comunidade tem sua própria função particular e seu próprio tipo de autoridade limitada e competência diretamente ordenada por

Deus, não mediada por nenhum outro tipo. Isso tem sido chamado de "soberania da esfera".

A sociedade é ordenada e governada policentricamente, isto é, dentro de uma variedade de relações e comunidades particulares de diferentes tipos. Uma ordem política, ou comunidades/instituições de governança civil, não tem a função de regular integralmente a sociedade. Em vez disso, a tarefa dada por Deus do governo civil é exclusivamente limitada à administração da justiça civil.

O complexo societário policêntrico mais amplo é coordenado de forma emergente, por meio do autogoverno de cada instância das variedades de relações e de cada comunidade particular dos vários tipos distintos. Pelo desígnio criacional de Deus, uma harmonização social dinâmica ocorre cumulativamente por meio das variedades de ação humana normativa, mas independentemente da intenção específica de qualquer indivíduo humano ou comunidade ou tentativa de regulamentação coercitiva abrangente.

Relações e comunidades comerciais ou econômicas interindividuais e intercomunitárias na sociedade são normatizadas por Deus para funcionar adequadamente em termos de um 'livre mercado', isto é, de acordo com as normas dadas por Deus para a aquisição e uso de recursos escassos e troca voluntária.

Quaisquer restrições ou regulamentos governamentais coercitivos, indo além da administração da justiça civil real, sobre a aquisição, propriedade ou uso de recursos, não importa qual seja a intenção ou pretensão (se isso envolve dinheiro, crédito, investimento, produção, produtos, distribuição, consumo, compra, venda, aluguel, especulação, poupança, trabalho, emprego, serviços, salários, preços, etc.).

Depois que caracterizarmos a cultura e a sociedade, agora é importante entender o que seria o Governo Civil na visão cristã libertária.

O governo civil é a administração da justiça civil, ou seja, a adjudicação de disputas sobre direitos de propriedade de acordo com as normas dadas por Deus, com as regras e execução que o acompanham. Ou seja, elas dizem respeito a reivindicações normativas legitimamente coercitivas sobre a pessoa ou a propriedade de alguém. Nesse sentido, a justiça se distingue do sentido do que é devido a outrem em relação a reivindicações propriamente não relacionadas direta ou indiretamente com a propriedade privada. Por exemplo, o que é propriamente moral diz respeito ao que é amoroso. Violações da justiça sempre podem ser imorais, mas não vice-versa. Mentir e cobiçar são imorais, mas não necessariamente envolvem 'crime', ou seja, violação da propriedade.

Outro ponto em relação ao governo civil é a questão da Autopropriedade. Todos os humanos são criados por Deus e, portanto, Ele é o Dono de cada pessoa. Deus em Cristo é o Criador e Dono de todas as coisas (Colossenses 1:15-17). Ao mesmo tempo, tendo criado os humanos à Sua imagem, Deus deu a cada pessoa uma mordomia sobre si mesma e sobre suas posses.

Em relação a outros humanos, chamamos a mordomia de cada pessoa de autopropriedade. Que pode ser estendida à aquisição da propriedade de recursos escassos. Propriedade é o direito de controle exclusivo, uso ou disposição de um recurso. Chamamos isso de 'direitos de propriedade' (na pessoa e nas coisas; cf. Êxodo 21:16; Mateus 20:15; Atos 5:4); direito civil/político.

Necessariamente correspondente aos direitos de propriedade está a obrigação de nunca iniciar (ou nunca empregar o primeiro uso de) coerção contra a pessoa ou propriedade de outra pessoa. Chamamos de Princípio de Não Agressão - PNA.

O único uso legítimo de coerção contra a pessoa ou propriedade de outra pessoa é em resposta proporcional à agressão anterior. A coerção legítima é única e exclusivamente responsiva. A agressão contra a pessoa ou propriedade de outra pessoa (seja assassinato, estupro, agressão, roubo, sequestro ou fraude) nunca é legítima.

Portanto, o PNA é uma norma moral dada por Deus na medida em que é expressa na proibição bíblica de assassinato e roubo (cf. Êxodo 20; Deuteronômio 5).

Em Romanos 13:1-7 o apóstolo Paulo especifica que Deus ordena a administração da justiça. Isso envolve o uso legítimo de retribuição coercitiva (a "espada") contra os agressores ("malfeitores;" aqueles que cometem agressão contra a pessoa ou propriedade de outrem), obrigando a restituição pelos agressores às suas vítimas. De acordo com a ordenação de Deus, o governo civil é estritamente limitado a esta tarefa – O PNA.

Os governantes civis aos quais todos devem se submeter (1 Pedro 2:13-14; Tito 3:1) são aqueles que administram a justiça civil. A reivindicação do poder civil ou o exercício do poder ou coerção sob qualquer pretexto que viole o PNA não é ordenado por Deus de acordo com as Escrituras e pode ser legitimamente contestado. Não são apenas ordens para pecar que devem ser recusadas, mas qualquer pretensa regulamentação civil além da esfera do PNA ordenada por Deus pode ser justamente ignorada.

Aqueles que são injustos não são autoridades legítimas a quem os crentes devem submeter disputas civis entre si (1 Coríntios 6:1-8). Lembrando que a noção de governante no tempo dos apóstolos é diferente da que nós entendemos atualmente. O governante era proprietário ou representante do proprietário das terras onde as pessoas viviam. Um modelo muito diferente da Democracia representativa que vivemos nos dias atuais.

O governante precisa de recursos para manter a ordem e a segurança dentro da sua terra. Porém a Escritura Sagrada não diz que alguém de fato deve impostos. Em vez disso, Palavra de Deus exige que paguemos aos outros o que realmente lhes é devido (Romanos 13:7), ou seja, dar aos outros o que eles possuem por direito. Em Mateus 22:15-22 (também Marcos 12:13-17; Lucas 20:20-26), nosso Senhor afirma que somente a propriedade de César pertence a César e deve ser dada a ele. O Senhor Jesus não tolera impostos, nem obriga ninguém a se submeter ao roubo.

Neste sentido, um indivíduo pode legitimamente defender a si mesmos e a sua propriedade ou a de outros, consensualmente em nome de outros, usando coerção responsiva proporcional contra agressores. Isso pode incluir coerção letal e aplicação de restituição pelos agressores às suas vítimas.

No entanto, o que é conhecido como 'guerra' como conduzido pelos estados nunca é moral ou justo. Condenamos e rejeitamos a guerra nos termos mais fortes como um grande mal. Os cristãos nunca devem participar das forças armadas de um estado que se envolva em quaisquer ações não defensivas e/ou ações coercitivas que sejam desproporcionais e/ou ações que intencionalmente ferem ou assassinem qualquer não agressor.

Os cristãos também não devem aceitar emprego ou investir financeiramente em quaisquer empreiteiros que forneçam tal estado de guerra militar. (Romanos 12:18; Provérbios 1:10-16)

Finalizando, a Igreja Reformada se opõe a resistência e a poderes que violam o PNA. Ou seja, se opõem a qualquer poder legal, ou ao exercício legal que resistem à ordenança de Deus.

Portanto, a tirania é ilegal, não é ordenança de Deus, e pode ser legalmente combatida, uma vez que a submissão é exigida apenas para "coisas lícitas ordenadas". E que o cristão deve obediência apenas a mandamentos justos e imparciais e que não estão em conflito com a Palavra de Deus.

Referencial Teórico

1. O Libertarianismo é Amoral? - Ralph Raico- 2014

2. Religião e libertarianismo- Walter Block - 2010

3. A natureza humana, livre-arbítrio e mundo contemporâneo – Gisele Leite – 2008

4. Fundamentos do Anarco-Capitalismo: Uma Nova Ordem para o Brasil e o Mundo - Antony Mueller - 2018

5. Como a Igreja Católica construiu a civilização ocidental. Thomas E. Woods, Jr. - 2021

6. O que a Bíblia diz sobre governos com grande concentração de poder? – Davi Caldas – 2017

7. Leviatã - Thomas Hobbes -1945

8. A política a luz da Bíblia - Eduardo Müller Reck – 2010

9. A política é bíblica? Ou... um cristão deve se envolver com política? - Pastor Lucas – 2018

10. A participação política sedimenta o sistema- Douglas Dario – 2019

11. A impossibilidade da promoção do Libertarianismo pela via política – Rodrigo C. Fernandes - 2020

12. A teologia do Estado no Novo Testamento – Romanos 13 e a "submissão" aos governos – Norman Horn – 2015

13. O que é ser um Libertário? - Daniel Miorim – 2019

14. For a New Libertarian, Jeff Deist – 2017

15. O Manifesto do Novo Libertário, Samuel Edward III Konkin – 1980

16. Manual da Ação Libertária -John Galt – 2018

17. O que é a Liberdade? O Alvorecer da Liberdade, John Galt, *et all* - 2019

18. Da liberdade cristã; Martim Lutero, publicação - 2009

19. Liberdade e Alteridade Em Martim Lutero: Um Diálogo com a Teoria da Alteridade de Emmanuel Levinas; Elton Vinicius Sadao Tada – 2011

20. O Conceito de liberdade em Lutero - Teresinha Maria Duarte e Tamiris Alves Muniz - 2021

21. A importância dos 500 anos da Reforma Luterana para o constitucionalismo - André R. do Vale - 2017

22. As Cartas de João Calvino. Traduzido por Marcos José Soares de Vasconcelos - 2009

23. A Visão Calvinista do Poder do Estado, Stephanie Gondim Becker - 2016

24. A ética protestante no contexto contemporâneo; Martin Riesebrodt – 2012

25. Os Escolásticos Tardios e o Elo Austríaco para o Pensamento Econômico Católico Moderno, Robert Sirico - 2017

26. Economic Thought Before Adam Smith: An Austrian Perspective on the History of Economic Thought. Murray N. Rothbard. Edward Elgar Publishing, 1995

27. Catolicismo e capitalismo; Murray N. Rothbard - 1960

28. A New Strategy for Liberty, Rothbard-Rockwell Report - 1994

29. Uma cartilha Agorista: Piratas do Roger; Samuel Konkin III - 2008

30. Toward a Strategy For Libertarian Social Change; Murray N. Rothbard - 1977

31. Não quero direitos. quero Liberdade: Pensamentos de um "Novo Liberal"; Miguel A Pricinote - 2017

32. LIBERDADE EM TEMPO DE TIRANIA: Uma guerra que precisa ser travada; Miguel A. Pricinote – 2021

33. O individualismo metodológico; Murray N. Rothbard – 2012

34. A liberdade na modernidade líquida – 2017

35. 1984, George Orwell – 1949

36. Our Character, Our Future: Reclaiming America's Moral Destiny, Alan Lee Keyes, 1996. https://www.amazon.com.mx/Our-Character-Future-Reclaiming-Americas/dp/0310208165

37. Civilization: The West and the Rest, Niall Ferguson, 2011. https://www.amazon.com.mx/Civilization-West-Rest-Niall-Ferguson/dp/0143122061

38. Democracy in America, de Alexis de Toqueville, 1835. http://seas3.elte.hu/coursematerial/LojkoMiklos/Alexis-de-Tocqueville-Democracy-in-America.pdf

39. 10 reasons Christians should vote in the election https://www.christiansinpolitics.org.uk/10-reasons-christians-should-vote-in-the-election

40. Does God Care About the Presidential Election? Billy Graham's Answer https://billygraham.org/story/does-god-care-about-the-presidential-election/

41. How the Hope of Belonging to Jesus Shapes Our Politics https://saturatetheworld.com/2020/07/06/how-the-hope-of-belonging-to-jesus-shapes-our-politics/?gclid=Cj0KCQjwnP-ZBhDiARIsAH3FSRd-St6dd8xuVrVmLfos-yFjfndMmG1WSOgYdFW1_deQ0gzPcTMin9caAtWXEALw_wcB

42. God & Politics: How Should American Christians Approach Elections: 35 Principles We All Should Agree On https://www.highpointeaustin.org/blog/2020/09/15/god-politics-how-should-american-christians-approach-elections-35-principles-we-all-should-agree-on

43. Is God Sovereign Over Elections? https://nealhardin.com/is-god-sovereign-over-elections/

44. Breve Manual de Conservadorismo https://elivros.love/livro/baixar-livro-breve-manual-de-

conservadorismo-russell-kirk-em-epub-pdf-mobi-ou-ler-online

45. 'May God Almighty bless this time of election'-My dear brothers and sisters in Christ greetings https://www.nation.sc/archive/230559/may-god-almighty-bless-this-time-of-election-my-dear-brothers-and-sisters-in-christ-greetings

46. Bible Verses about Voting https://www.christianity.com/bible/bible-verses-about-voting-102

47. What is God's Will for the Election? https://www.1517.org/articles/what-is-gods-will-for-the-election

48. Brazil election: 'We'll vote for Bolsonaro because he is God' https://www.bbc.com/news/world-latin-america-62929581

49. God Fearing Voters, God Fearing Candidates: Does Religion Really Matter in the 2000 Elections? https://www.pewresearch.org/religion/2000/09/20/god-

fearing-voters-god-fearing-candidates-does-religion-really-matter-in-the-2000-elections/

50. Politics: How Involved Should Christians Be? https://decisionmagazine.com/politics-how-involved-should-christians-be/

51. El Concepto Calvinista De La Cultura https://www.contra-mundum.org/espanol-libros.htm

52. The Supracultural and the Cultural: Implications for Frontier Missions, em The Gospel and Frontier Peoples: a report of a consult: https://books.google.com/books?id=raf6uV74x4AC&pg=PA102

53. Images of the Spirit: https://meredithkline.com/klines-works/articles-and_essays/creation-in-the-image-of-the-glory-spirit/

54. A Christian Theory of Social Institutions https://tinyurl.com/DooyTheorySocInst

55. Dooyeweerd's Societal Sphere Sovereignty https://www.academia.edu/32356017/Dooyeweerds_Societal_Sphere_Sovereignty_2017_revision

56. Economia, Hierarquia e a Questão da Inevitabilidade do Estado https://libertarianchristians.com/2018/04/11/economics-hierarchy-states-inevitability/

57. Pare de acreditar no governoo https://elivros.love/livro/baixar-livro-pare-de-acreditar-no-governo-bruno-garschagen-em-epub-pdf-mobi-ou-ler-online

58. A plausibilidade de uma sociedade sem estado https://libertarianchristians.com/2018/05/07/plausibility-of-a-stateless-society/

59. A Tradição da Ordem Espontânea https://oll.libertyfund.org/titles/liggio-literature-of-liberty-summer-1982-vol-5-no-2/

60. Ordem Espontânea https://fee.org/learning-center/concepts/spontaneous-order/

61. Foundations of Economics: A Christian View.

62. The Seen, the Unseen, and the Unrealized: How Regulations Affect Our Everyday Lives

63. Vícios não são crimes https://mises.org/library/vices-are-not-crimes

64. What Libertarianism Is https://mises.org/library/what-libertarianism

65. Como nos tornamos donos de nós mesmos https://mises.org/library/how-we-come-own-ourselves

66. Romans 13 and Stateless Civil Governance: A Reformed View https://libertarianchristians.com/2019/05/31/romans-13-and-stateless-civil-governance-a-reformed-view/

67. Render Unto Caesar https://mises.org/wire/render-unto-caesar-most-misunderstood-new-testament-passage

68. Render Unto Caesar https://truthandliberty.me/2019/08/22/render-unto-caesar/

69. Guerra, Paz e o Estado https://mises.org/library/war-peace-and-state

70. Teoria da guerra justa libertária http://www.wendymcelroy.com/articles/justwar.html

71. A antítese libertária: Guerra

    https://original.antiwar.com/wendy_mcelroy/2016/09/04/libertarianism-antithesis-war/

72. Cristianismo Puro e Simples

    https://ensaiosflutuantes.files.wordpress.com/2016/03/cristianismo-puro-e-simples-c-s-lewis.pdf

73. A queda de um ateu https://doceru.com/doc/c8nc08

74. O peso da Glória https://elivros.love/livro/baixar-livro-o-peso-da-gloria-c-s-lewis-em-epub-pdf-mobi-ou-ler-online

75.